◎教育部人文社会科学研究青年基金项目"环境脆弱区生态移
　究"（编号：15YJCZH043）资助
◎重庆市教委科学技术研究项目"三峡生态移民的贫困风险评
　KJ15012012）资助

西部地区
生态移民可持续生计问题研究

XIBU DIQU SHENGTAI YIMIN KECHIXU SHENGJI WENTI YANJIU

冯伟林◎著

西南交通大学出版社
·成都·

图书在版编目（ＣＩＰ）数据

西部地区生态移民可持续生计问题研究 / 冯伟林著.
一成都：西南交通大学出版社，2017.8
ISBN 978-7-5643-5648-4

Ⅰ. ①西… Ⅱ. ①冯… Ⅲ. ①移民安置 – 可持续性发
展 – 研究 – 西南地区 Ⅳ. ①D632.4

中国版本图书馆 CIP 数据核字（2017）第 186324 号

西部地区生态移民可持续生计问题研究

冯伟林 著

责任编辑	罗爱林
封面设计	严春艳
	西南交通大学出版社
出版发行	（四川省成都市二环路北一段 111 号 西南交通大学创新大厦 21 楼）
发行部电话	028-87600564　028-87600533
邮政编码	610031
网址	http://www.xnjdcbs.com
印刷	四川煤田地质制图印刷厂
成品尺寸	165 mm×230 mm
印张	11.5
字数	170 千
版次	2017 年 8 月第 1 版
印次	2017 年 8 月第 1 次
书号	ISBN 978-7-5643-5648-4
定价	58.00 元

如何处理生态环境保护与人类生存发展的关系，是世界各国可持续发展战略实施的关键。在我国现代化建设的进程中，资源与环境问题始终是一个不可回避的问题，地区资源耗竭和环境问题正在演变为全局性问题，生态环境整体呈恶化趋势。在经济快速发展的过程中，由于我国人口规模庞大，人均资源占有较少，资源环境发展失衡，土地可使用率较低等因素加剧了生态环境的恶化。特别是西部地区经济发展水平较低，当地农户乱砍滥伐和过度放牧的问题比较严重，而出现水土流失、荒漠化和草场退化等问题，"一方水土养不起一方人"的贫困问题比较严重。要解决生态保护和经济发展这一对矛盾，就需要进行生态移民，把西部生态环境脆弱地区的农牧民转移出来，使生态脆弱地区的生态、经济得到良性发展。

在我国生态环境相对脆弱的西部地区，政府已经将生态移民工程作为一项消除区域性贫困和改善生态环境的重要战略措施。由于环境恶化而导致的生态移民，时间较长，规模较大。自20世纪80年代开始，我国在宁夏、青海、内蒙古、云南、贵州、甘肃、新疆、广西和陕西等地开展了一系列生态移民工程，以缓解人口、资源与环境的矛盾，进而阻止生态脆弱区环境的进一步恶化。1982年，我国在甘肃省定西市、河西走廊地区和宁夏回族自治区西海固地区（简称"三西"地区）开展了第一个农业区域性大规模扶贫开发建设项目。进入21世纪，国家对居住在生态环境恶劣区域的人口搬迁制定了系列规划与安排，《中国农村扶贫开发纲要 2001—2010年》《中国农村扶贫开发纲要（2011—2020年）》提出，要易地扶贫搬迁那些生活在生存条件恶劣地区的贫困人口。经过系列生态移民搬迁工程，至今已经安置 250 多万名生态移民，生态移民也已成为除水电工程移民之外的第二大移民群体。

我国西部地区生态移民是一个涉及经济、社会、资源、环境等多方面的系统工程。除了生态保护的目的之外，生态移民的另一个关键目标就是要解决处于生态环境脆弱区、经济发展落后地区的农户的脱贫致富问题。搬迁安置之后，生态移民的生计是否可持续直接关系着西部地区经济、社会和生态环境的可持续发展，是可持续发展的关键和基础。在生态移民搬迁工程中，农户将面临一系列问题，如大额的搬迁资金支出、生产生活资源的重新分配、经济方式的变化、民风民俗的变化、文化氛围的改变、生产生活环境的改变、融入迁入地生产生活、生计恢复以及面临新环境时心理上的巨大压力等，这些问题都会对移民的可持续生计状态产生重大影响。从目前有关移民安置案例实践的研究来看，由于搬迁之后移民长期无法适应安置地新的生产生活，生计得不到及时有效的恢复发展，出现了移民返迁或生计长期陷入贫困的现象。因此，生态移民问题不仅仅是一个理论问题，更是一个具有较强现实针对性的问题。研究西部地区生态移民可持续生计问题的目的在于防范与消除生态移民搬迁安置之后所面临的生计转型风险，对具有不同家庭特征的生态移民进行精准帮扶，进而实现生计顺利转型和生计可持续发展。

本书就是基于以上背景，在进行了大量的实地走访和入户调研之后，对西部地区生态移民的生计问题进行系统的以定量为主的实证研究，以期进一步揭示生态移民可持续生计的规律。其结论和研究方法可以为各级政府制定和实施有针对性的救助和扶持等相关政策提供相应的依据，从而促进生态移民可持续生计发展，具有一定的参考价值和指导意义。

在研究的过程中，本书综合运用管理学、经济学以及计量经济学等多学科相结合的研究方法，以定量研究方法为主，以定性研究方法为辅。

本书由四部分共九章构成：

第一部分即第一章导论，主要阐述本书的研究背景、研究意义，所用数据的调查与抽样过程、国内外有关移民可持续生计的文献回顾等。

第二部分即第二章，对本书所涉及的基本概念和开展研究所运用的理论进行综合分析。本部分在概念界定方面，主要对移民、生态移民、可持续生计、贫困、贫困风险等概念进行阐释。在研究理论基础方面，主要对贫困的恶性循环理论、人力资本理论、社会资本理论、贫困风险与重建理论和可持续生计理论进行详细阐述。

第三部分包括第三、四、五、六、七、八章，是本书的主体部分，主要以生计资本为核心进行分析，包括生态移民工程对农户生计资本的影响、农户禀赋对生态移民风险应对策略选择的影响、无形生计资本（人力资本和社会资本）对生态移民社会适应的影响、生计资本对生态移民生计策略的影响、生态移民搬迁工程对农户生计后果的影响和生态移民的贫困风险等六个方面。

第四部分即第九章，在对本研究进行总结的基础上提出了促进西部地区生态移民生计可持续发展的政策建议，包括加强移民的生计资本建设和安置方式、协作体制的构建等。

由于作者知识、能力和精力有限，本研究还存在一些不足和局限，相关问题的研究还需要进一步深入，但相信本书的出版，能够对生态移民研究起到一定的借鉴作用，也能对西部地区生态移民的可持续发展和精准扶贫工作发挥一定的指导作用。

著者

2017 年 5 月

目录

第一章
导　论

第一节　研究背景与意义

一、研究背景

在生态环境相对脆弱的西部地区，生态和生存是一对难以化解的矛盾，实施生态移民工程已成为改善生态环境和消除区域性贫困的重要战略行动。环境恶化导致的生态移民，数量不少，时间较长。自 20 世纪 80 年代开始，我国在宁夏、甘肃、新疆、云南、贵州、内蒙古、广西、青海和陕西等地开展了生态移民工程，以阻止生态脆弱区环境的进一步恶化，从而缓解人口、资源与环境的矛盾。1982 年，中共中央和国务院做出决定，连续 10 年拨出专款 2 亿元，进行全国第一个大规模农业区域性扶贫开发建设重点项目，即以定西市为代表的甘肃省中部干旱地区、河西走廊地区和宁夏回族自治区西海固地区（简称"三西"地区）扶贫开发建设。在这一项目实施的前 10 年，50 万人搬迁到新灌区，并从该项目中受益。国家在 2001 年出台的《中国农村扶贫开发纲要 2001—2010 年》明确提出："对极少数居住在生存条件恶劣、自然资源贫乏地区的特困人口，要结合退耕还林还草实行搬迁。"分别治理生态恶化与贫困这两个互为因果的问题。2007 年国家发改委印发的《易地扶贫搬迁"十一五"规划》指出：2006 年—2010 年，我国西部 10 个省、自治区、直辖市（除西藏和新疆）将纳入实施易地扶贫搬迁工程，共规划搬迁 150 万人。《中共中央、国务院关于深入实施西部大开发战略的若干意见》指出，要全力实施集中连片特殊困难地区扶贫开发攻坚工程，基本消除绝对贫困现象，稳步推进生态移民，适当提高中央补助标准。经过上述工程进程，至今已经安置生态移民 250 多万人，成为除了水电工程移民之外的第二大移民群体。根据国家发展与改革委员会的统计数据，在 2050 年前，我国西南、西北生态环境脆弱地区将有 1000 多万人需要进行生态移民，以解决日益严重的生态环境与农户贫困问题，目前已有 700 万左右的贫困农民急需移民。

西部地区生态移民是一个系统工程，涉及经济、社会、资源、环境等多方面的问题。生态移民的目的之一就是要解决处于生态脆弱、经济贫困地区的农民的脱贫问题。移民的可持续安置是整个西部地区经济、社会与环境可持续发展的基础和要求。在搬迁安置的过程中，生态移民将面对一系列问题，如生活生产环境的全新变化、经济方式的改变、文化氛围的改变以及在心理上要承受巨大的压力等。把生活在生态环境不适宜生存地区的群众有组织地迁移到环境能够承载该部分人口生存发展的其他地区的过程中，移民面临着大额的搬迁资金支出、资源重新分配、融入迁入地生产生活、生计恢复以及脱贫致富的持续发展问题，这对移民的可持续生计状态必将产生重大影响。这些农户的搬迁安置不只是简单的人口迁移，而是一种政治、经济以及社会系统剧烈变迁的过程，导致移民原来的生产生活方式被改变，原有的社会组织结构和社会网络在一定程度上解体，进而使某些移民的生计陷入困境。世界银行的研究也表明，迁移可能会对移民产生一系列的影响，其中包括：人们被安置到一个新的资源竞争更加激烈的环境中，原来熟练的生产技能不能得到充分发挥，原有的生产体系被严重破坏，丧失了生产性的收入来源；家族群体被分散，乡村原有的社会关系网和社会组织结构被削弱，文化特征、传统势力及潜在的互相帮助作用被减弱，等等。移民在离开原住地进入陌生的安置地之后，在政治、经济、社会、文化和环境等方面面临着一个系统的生计恢复与重新适应的社会过程。

在生态移民的安置实践中，一个常常被忽视的关键问题是，如何促进生态移民的可持续生计，防范搬迁农户的贫困问题，或者说贫困的恶化问题。农户在发展研究中确实得到了相当程度的关注，主要是关于建立或维持可持续生计活动。根据 Cernea 的研究，在移民中没有对风险充分的识别，贫穷是最有可能的安置后果。一般来讲，这种陷入贫穷的结果被归结于生计恢复计划的失败。在一些案例中，研究者已经明确证实了移民安置项目的失败与安置项目的生计恢复较差之间的关联性。但是在实际的研究中，虽然有学者将自己的研究聚焦于生计策略的长期转换（Mortimore，2003）、生计路径构建（Scoones 和 Wolmer，2002）、发展干预对生计的影响（Frost et al.，2007）、福利的长期变化（Ulrich et al.，2012）以及将来的生计路径（Pender，2004），但更多的研究者将自己的研究兴趣集中在社会冲突的出现或因安置而产生的社会运动上。（Abuya，2013；Bebbington et al.，2008；Bury，2007；Bury 和 Bebbington，2013；Hilson 和 Yakovleva，2007；Hilson，2002a，b，2010；Hilson 和 Ackah-Baidoo，2011）。在保护生态环境、促进农户脱贫致富的生态搬迁安置项目中，移民农户如何应对生计风险，实现生计可持续发展，应该成为移民安置项目应该考虑的重要问题。

从当前有关的研究和实践来看，由于移民搬迁之后长期不能适应安置地的生产生活，生计得不到及时有效的恢复发展，出现了移民返迁或生计长期陷入贫困的现象。如何缓解生态移民生计转型风险进而实现生计顺利转型是生态移民工程项目迫切需要解决的重要课题。目前，学术界和社会对于这类移民活动更多关注的是"搬得出"问题，而对于搬迁之后的"稳得住"和"能致富"问题探讨得还不够，有待进一步研究。

二、研究意义

通过上述的理论背景分析可知，尽管已有专家学者对移民安置后的生计转型风险和贫困风险进行了研究，但总体而言，移民群体的可持续生计问题在理论上并未得到充分的关注。总之，本书利用生态移民调查数据，对环境脆弱区生态移民的贫困风险问题进行系统的研究，以期进一步揭示生态移民生计发展的规律性。其结论和研究方法为各级政府制定和实施有针对性的救助和扶持等相关政策提供相应的依据，对促进生态移民可持续生计发展具有一定的参考价值和指导意义。

（一）理论意义

目前对搬迁移民问题的研究比较庞杂，对移民的必要性分析、可行性分析和搬迁移民的战略分析研究得比较多。有关移民的研究主要集中在对移民效果评价、资金投入机制、安置政策、生态补偿政策、迁入地接受政策等方面。关于农户可持续生计的研究，目前在国际发展研究和实践中，特别是在扶贫领域，可持续生计途径的应用越来越广泛，而针对搬迁移民可持续生计的研究较少。本书在微观层次上通过计量、实证的研究方法，试图通过对可持续生计理论及其相关研究分析，提取有参考价值的重要元素，将其转化为符合西部地区生态移民生计活动实际的研究工具，探索和丰富生态移民搬迁工程对农户可持续生计的研究，不仅可为生态移民的生计与生态关系的进一步研究提供借鉴，还可推动生态移民可持续生计研究深入发展，丰富移民研究的内容。

（二）现实意义

从有关生态移民生计的研究来看，生计资本的短缺往往使移民的生计难以为继，使移民陷入人力贫困、收入贫困和权力贫困的生计困境，使他们难以摆脱生计衰微的"窘境"。西部地区生态移民工程是除了水电工程移民之外的第二大移民群体的一个社会发展、区域经济项目，但理想和现实还有一定的差距，生计环境的改变，是否会对移民的生计造成上述影响，是一个值得深入研究的问题，所以对生态移民生计的可持续研究是十分必要和迫切的。可持续生计理论为贫困地区农户可持续发展的研究提供了一个很好的视角，该理论从日常生产生活的角度来理解贫困和生计问题，并寻找适合本地情况、用好本地资源、符合当地人民意愿的解决方法，而不是一味地依靠外来者带入大量的资源来解决本地问题。可持续生计理论应用于西部地区生态移民生计活动的具体实践，有助于提出生态移民生计可持续的系统思路，从而为提高生态移民生活水平、实现可持续发展的研究提供实证性的研究资料，以促进西部地区生态环境的改善和移民生计的可持续发展。

（1）本研究选用样本调查法对陕西省安康市四县一区的农户进行入户调查，样本量大，在调研过程中严格控制问卷质量，并在此基础上对回收的数据进行处理、分析并得出结论，数据分析结果真实可靠，可以为西部地区的生态移民搬迁工程的实施和评估提供参考依据。

（2）生态移民搬迁的最终目的是解决农户与环境的矛盾，改善农户生活水平。通过比较搬迁户与非搬迁户生计资本、生计策略及生计后果，探求搬迁工程对生态移民生计水平产生的影响，并提出相应的政策建议。

（3）本研究通过调查分析，针对调研地的现实情况提出提高生态移民生计水平的建议，有助于提高农户的生计水平，实现搬迁后的可持续发展。同时也有助于改变需要搬迁却拒绝搬迁的农户对生态移民搬迁工程的态度，有助于帮助因贫困无法搬迁的农户，对搬迁工程的开展和实施具有重要的实际意义。

三、数据来源

（一）调查目标及内容

本书的调查数据来由西安交通大学公共政策与管理学院人口与发展研究所农户生计与环境课题组和老年人群体健康与福利课题组提供。该课题组于 2011 年 10—12 月在陕西安康山区进行抽样调查，并在安康市政府以及各县统计局的配合下获得调查数据。

本次调查的目的在于深入研究我国生态脆弱地区农户的生计选择、生计活动规律，探索农户人口动态性、生计活动与农村脱贫致富、生态环境保护之间的规律，以及了解农户对各类自然生态保护政策、农村扶贫与发展项目或政策的态度与评价。

调查分为两部分内容：一是安康市农户生计与环境，二是安康市老年人群体健康与福利。农户生计与环境生计问卷的调查内容主要涉及调查地农户各类生计资产的总量与结构；农户生计模式的分类、现状与生计模式的形成；农户的现金消费与生活能源使用的现状；农户贫困与脆弱性的分类以及现状、农户面临的风险与应对策略；农村调查地的人口动态性与外出务工情况；针对山区与自然保护区周边社区的各类自然生态保护政策、农村扶贫与发展项目或政策等实行之后，农户对这些政策的态度与评价，生计变化情况等。

（二）调查过程

本次的调查地点选在陕西省安康地区。安康市是陕西省十个设区市之一，辖九县一区，辖区面积 23 400 平方千米，户籍人口 303 万人，属国家集中连片贫困地区，也是我国南水北调中线的供水区和水源地。近年来实施大规模的移民搬迁工程，移民搬迁影响巨大。调查对象主要是安康市的农村住户，调查设计农户样本量 1500 个。调查区域包括安康市的 5 个行政区县：汉滨区、石泉县、宁陕县、紫阳县和平利县，总共涉及 3 个行政乡镇，共计 15 个乡镇。

（三）抽样

调查主要以安康市农村住户为调查对象，采用调查员入户调查的方式进行问卷调查。本次调研抽样的过程如下：

第一，根据研究目的选择 5 个调查区县。

根据研究目的要求，此次调查选择了自然生态保护突出地区，生态政策实施较多、森林资源丰富的贫困山区，有较多移民搬迁户的地区，在结合大量调查地资料和实地考察的基础上，选择了宁陕、石泉、汉滨、紫阳和平利 5 个调查区县。其中，平利县为省级贫困县，宁陕、汉滨、紫阳、石泉县为国家级贫困县。

第二，考虑到实际调查的可操作性，课题组分别在 5 个调查区县内选择 3 个调查镇。

根据研究目的要求，在查阅大量调查地资料的基础上依据以下标准对调查镇进行选择：一是选择实施退耕还林工程的镇，二是生态服务功能突出、森林资源丰富、生态服务（如生态支持服务、文化服务、供给服务、调节服务）有特色的镇，三是有移民搬迁集中安置点的镇。

第三，在选定的调查乡镇内，选择 10 个有移民安置点的行政村，15 个非集中安置点的一般行政村，共计 25 个调查村。

首先，5 个调查区县的 10 个移民集中安置点的行政村全部确定为调查村；其次，抽取 15 个非集中安置点的一般行政村，在安康市统计局所提供的行政村名单中，随机抽取 12 个行政村；最后，根据课题组的研究目的，补充了 3 个实施退耕还林突出，或者生态服务突出、沿河、有退耕还湿，或者有其他生态补偿项目的行政村。共计 15 个非集中安置点（一般）行政村。

第四，对选定的一般调查村按照要求分别进行农户抽样。

15 个非集中安置点的一般行政村样本农户的确定依据：根据安康市统计局所提供的行政村小组名单，随机抽取村小组。在村小组整群抽样的基础上，以涉及的所有村小组内的户名单为样本进行随机抽样，形成 1300 户的村级工作表。总体上，在确保一般住户样本在村小组整群抽样的基础上，实现随机抽样。

因此，此次调查共涉及安康市 5 个调查区县，15 个调查乡镇，25 个调查村，最终确定 1500 个农户样本。

（四）调查实施

本次调查以结构化的问卷为调查工具，通过科学合理的抽样方法，对农户进行实地微观入户调查。最终获得有效数据共 1404 个样本。

1. 调查准备

为了确保大规模实地调查数据的有效性，在正式调查之前，课题组做了长期的科学系统的准备工作。主要工作如下：

第一，进行访谈提纲和调查问卷的设计与修改。农户生计与环境问卷的调查结构和内容主要包括五部分：第一部分即封面的内容，是为了便于调查过程的执行和控制而要求填写的基本信息。第二部分是询问被访者的家庭基本情况，针对每个成员各有 13 个问题。第三部分是有关被访者的家庭资本情况，包括人力资本、自然资本、物质资本、金融资本和社会资本的总量与结构，共有 19 个问题。第四部分是询问被访者的家庭生计情况，涉及农户的各项生计活动（家庭的生产行为和消费行为），共有 50 个问题。第五部分是有关被访者参与生态补偿政策、扶贫政策与移民搬迁政策的情况，对这些政策的评价和态度，这些政策对农户生活的影响和生计变化的情况等，共有 25 个问题。

第二，试调查的调研访谈与问卷测试。2011 年 10 月 26 日至 28 日，课题组对拟调研地进行试调查，与发改委规划科、安康市林业局和以工代赈办的政府官员进行交流访谈，并分别与安康市宁陕县皇冠镇朝阳沟村、简车湾镇朱家沟村、平利县城关镇龙头村、长安镇高原村村委会干部进行访谈，共获得 6 份访谈记录。另外，对以上四个村的农户进行入户情况了解和问卷调查，获得 9 份农户问卷。通过这次试调查，课题组进一步了解了当地的自然生态环境特征、农户生产生活基本状况和移民搬迁、扶贫项目、生态补偿等政策实施的情况。同时，根据访谈结果和试调查的实际情况总结了问卷设计的问题和调查过程中的不足，对调查问卷进行了修改完善，为正式调查奠定了基础。

第三，对访谈与问卷调查参与人员进行系统化培训。主要包括两方面内容：一方面，需要课题组内部全部人员能够完全掌握访谈和问卷调查的问题和流程，如每个调查问题的含义及目的、对问题中关键词的解释、提问过程中的注意事项、问卷的填写要求、具体的问卷调查与访谈技巧、各种资料管理和质量控制等内容；另一方面，在调查的实际过程中，课题组每个成员作为调查指导员负责与当地统计局和乡镇、村干部进行沟通协调，在正式调查开展之前集中对所有参与入户调查的调查员进行技术培训。培训内容主要为熟悉调查流程、问卷问题、填写规范、注意事项、问卷的发放与回收等。培训结束后，可通过现场模拟或者模范试访的形式强化调查员对问卷内容的理解和问卷调查的操作。

2. 正式调查

2011 年 11 月 27 日至 12 月 4 日，课题组在当地统计局的协助下进行了为期 8 天的正式问卷调查。调查在安康市一区四县同时展开，在调查过程中，课题组成员充当调查指导员的角色，承担与当地统计局和乡镇、村干部沟通协调的责任，并且组织调查员进行入户调查，严格控制每个调查员的问卷调查速度、质量；同时，对调查员在实际调查中遇到的各种技术问题进行解答，以保证调查的顺利进行。另外，调查指导员一方面同调查员一样进行入户的实际调查以保证问卷完成的数量，另一方面需要对各个调查员进行跟访和复访，以保证已完成问卷的质量。

在调查实施的过程中，调查指导员负责发放、回收问卷，并对每天回收的问卷进行严格的审核；统计当天调查的农户样本和问卷数量，并对问卷进行逻辑和缺漏检查，如出现问题及时联系调查员或被访农户进行更正、补充。

在进行入户问卷调查前，调查员首先要告知被调查者农户此次调查的目的及保密协议，在征得被调查者的同意后再开始正式的问卷调查。由于当地农户文化水平较低，许多农户不识字，所以本次调查不是被调查者自己填写，而是由调查员就问卷问题对被访农户进行详细的解释、询问之后，并认真听取其回答后，代为填写。在整个调查过程中，要求调查员客观，尽职尽责，以保证问卷信息获取的完整和准确，避免问卷填写的主观偏差。

（五）调查结果

在调查问卷全部回收之后，在课题组老师的指导之下，由课题组成员共同对数据进行整理，主要包括数据录入、数据清洗以及数据的修正补救。首先，运用 epidata 软件建库，生成数据录入模板；其次，对课题组成员进行数据录入培训，讲解数据录入的方法和注意事项；最后，实际的数据录入工作。课题组有针对性地对一些存在逻辑关系的题目编写一组逻辑检测程序，在数据录入、自检工作完成以后，都使用这组程序进行检测。如果发现错误，通过与安康当地调查员进行积极的沟通和协调对其进行补充完善。这样不断地循环检查，直到所有可以改正的错误都消除为止。最后无法更正错误的问卷，以尊重原始问卷的原则予以保留，并判为不合格问卷。

通过问卷回收、数据录入、数据清洗、数据修正与补救，表 1-1 显示了此次安康地区农户生计与环境调查问卷回收的数量和质量的结果。本次调查实际发放 1570 份生计问卷，回收 1410 份，其中 1404 份有效问卷，问卷回收率和有效率分别为 89.8%、99.6%。另外，发放 25 份村问卷、15 份乡镇问卷，回收率和有效率均为 100%。部分生计问卷没有回收主要有两方面原因：一是因为被调查户或替换样本户家中无人；二是因为被访户的家庭成员由于身体状况等原因无法被调查。生计问卷的效率很高有两方面的原因：一是调查采取调查员与被调查农户一对一、面对面进行的模式；二是问卷的填写是由对问卷填写规则、内容十分熟悉的调查员在听取农户的回答之后进行，保证了问卷的质量。

表 1-1　问卷回收数量及质量分析结果

问卷类型	发放量	回收量		问卷回收率/%	问卷有效率/%
		总量	有效量		
村问卷	25	25	25	100	100
乡镇问卷	15	15	15	100	100
生计卷	1570	1410	1404	89.8	99.6

表 1-2 显示了此次安康调查回收的 1404 份有效生计问卷在各县区、村的分布情况，其中汉滨区回收 254 份有效问卷，石泉县回收 299 份有效问卷，宁陕县回收 244 份有效问卷，紫阳县回收 271 份有效问卷，平利县回收 336 份有效问卷。

表 1-2　有效问卷区县分布情况

区县名称	乡镇名称	一般村名称	计划完成		实际完成	
			一般村	移民安置点	一般村	移民安置点
汉滨区	1 恒口镇	1.1 青龙村	60	—	56	12
	1 瀛湖镇	1.2 湖心村	110	—	85	16
	1 县河镇	1.3 凡庙村	80	—	65	20
		小　计	245	80	206	48

区县名称	乡镇名称	一般村名称	计划完成		实际完成	
			一般村	移民安置点	一般村	移民安置点
石泉县	2 城关镇	2.1 雷兴村	100	—	100	—
	2 后柳镇	2.2 长兴村	80	—	76	45
	2 迎丰镇	2.3 梧桐村	70	—	68	10
	小　计		250	60	244	55
宁陕县	3 四亩地镇	3.1 四亩地村	90		90	—
	3 江口镇	3.2 江镇村	90		87	
	3 广货街镇	3.3 园潭村	70		67	
	小　计		250	0	244	0
紫阳县	4 焕古镇	4.1 腊竹村	100	—	104	—
	4 蒿坪镇	4.2 天紫村	90	—	90	
	4 红椿镇	4.3 大青村	80	—	77	
	小　计		270	0	271	0
平利县	5 广佛镇	5.1 塘坊村	90	—	89	62
	5 八仙镇	5.2 百好河村	118	—	114	—
	5 正阳镇	5.3 丝绵园村	72	—	71	
	小　计		280	60	274	62
合计			1300	200	1239	165
总计			1500		1404	

第二节　相关研究综述

国外理论研究的影响和世界银行、亚洲开发银行贷款条件的限制，以及大量移民贫困加剧的严峻现实，使政府对移民问题的关注力度加大，学界也开始在该领域进行深入研究，涉及社会、经济、环境、文化、心理等多个方面。

一、国外研究综述

美国科学家考尔斯在20世纪初提出了"生态移民"的概念，认为"生态移民"是为了保护生态环境而实施的移民。20世纪中叶特别是80年代以来，随着全球生态环境的不断恶化，人类生存需求与环境承载力之间的矛盾不断加剧，生态移民问题成为学术界关注的重点之一，研究角度也从概念、分类和移民理论逐步演进、过渡到对移民动因、生态移民与环境之间的关系、生存战略问题等方面。埃塞俄比亚的Markos Ezra认为，人口压力是造成生态恶化进而造成生态移民的主要原因；Amacher等从人口压力、贫困和森林采伐等角度，分析研究了菲律宾移民的环境动机，并指出人口、贫困、环境是移民的主要动机；Amacher和Hyde、Black和Sessay、Chopra和Gulati等学者则对生态移民与环境之间的关系进行了分析，认为生态移民逐渐成为一种重要的摆脱贫困的生存战略；加利福尼亚大学的Berkeley与世界银行的Johannes Koett和Renos Vakis认为，移民很少作为危机和震惊的反应，而是作为反危机的管理性战略的一个重要部分；东英格兰大学的Alexandra Winkels和W.NeilAdger认为，移民是重要的生存战略。

世界银行的研究指出，移民迁移安置过程中存在着风险，即导致移民贫困化和生计的恶化与不可持续。生态移民风险，指生态移民在经历搬迁、安置等一系列巨大的生活变动之后，他们可能从此陷入贫困的境地。国内外的专家学者对搬迁之后移民的生计问题进行了一定程度的研究。在国外，比较多的研究从人类学、社会学和人口学等广泛的视角研究难民及其安置结果。Colson（1971）和 Loizos（1981）是在移民安置研究中最早进行民族志研究的学者，他们分别研究了发展导致的搬迁和冲突导致的搬迁。Colson研究了搬迁对社会习俗惯例的严重破坏，导致政治制度合法性的日益减少。事实上，Colson所开展的人类学研究已经使政策有了回应，包括强调心理上的影响和被剥夺了的社会角色。Harrell-Bond 对乌干达难民的安置过程以及安置政策的缺点进行了研究，该研究有力地推动了在移民安置中对移民可持续生计问题的研究。

在经济学方面的研究，国外的专家学者主要从两个方面来进行：一是移民安置对经济发展的影响；二是移民安置后生计陷入贫困的风险及其预防。在搬迁所产生的经济影响方面，Iba´n˜ez 和 Ve´lez 测度了搬迁安置对哥伦比亚消费的影响，Kondylis 研究了农村地区安置对农业产出的影响，世界银行的一份报告主要研究了城市安置点对经济发展的影响。也有专家学者从劳动力市场的角度来研究移民的经济影响。在此方面的研究中，Amirthalingam 和 Lakshman 发现，搬迁对劳动力市场的影响与职业流动而产生的影响存在差别；Kondylis 研究发现，移民搬迁对劳动力市场产出有负面影响。

在移民搬迁之后的贫困风险方面，世界银行的移民问题专家、社会学家 Michael M. Cernea 是最具代表性的专家，他呼吁了很多关于移民安置后果的衡量研究：贫困、去资本化的风险、搬迁的成本衡量，帮助我们了解政策如何帮助搬迁者更快地得到恢复。在一系列理论研究和移民实践经验总结的基础上，他提出了移民中的贫困风险和重建模型，即 IRR 模型（Impoverishment Risks and Reconstruction Model for Resettling Displaced populations）。IRR 模型由三个核心基本概念——风险（Risks）、贫困（Impoverishment）和重建（Reconstruction）组成。建立这个模型的主要目的是：说明很重要的、大规模的非自愿移民任务中会发生的情况；创造一种可靠的理论手段，在政策、规划和项目实践活动等方面给予指导以消除负面影响。虽然所有的非自愿移民安置与重建过程会诱发主要的社会和经济风险，但通过制定相应的重建战略并适当地分配资源，非自愿移民安置与重建过程中产生的各种风险是能够得到控制和规避的。IRR 模型认为，任何非自愿移民安置的主要目的应该是防范贫困风险的发生、恢复和改善移民的生活水平。T. Downing 在研究移民贫困风险时也提出了他的风险模型。他指出，在涉及移民的工程项目中，如果非自愿移民矛盾不能得到及时有效的解决，就会进一步引发经济、社会、环境等多重风险。在 T. Downing 风险模型中，他把移民所要面对的风险划分为十个类别，分别是：土地丧失、失业、无家可归、边缘化、健康风险、正常教育活动的中断、无法享受社会公共服务、食品安全性下降、无法获得基本的财产、社会隔离感以及失去公民权利和人权。老年人、妇女儿童、少数民族等都作为弱势群体，在 T. Downing 模型中得到了特别关注，他们更容易在移民后陷入贫困。在 T. Downing 模型中，首先是要保证移民在迁居后，生活水平没有下降，即不仅仅是单纯的补偿和重建，还要让移民有稳定的收入来源、生活和社会体系得到恢复、子孙后代能在移民后生活得更好。更重要的是，要让居民的生活水平得到持续提高，收入不断增加，移民的总体生活质量不断提升。另外，还要考虑移民的迁徙成本和迁徙后生产能力方面的损失等问题。

二、国内研究综述

（一）移民生计概述

1. 移民生计

学者们在研究移民生计方面取得了丰富的研究成果，运用定性与定量手段，从贫困、移民经济学和安置模式等角度进行了广泛的研究。从最初的政策探讨逐步过渡到实证分析，多角度关注移民的生计变化情况，深入研究规模庞大的移民生计发展状况，并提出一些可操作性的对策建议来帮助其发展经济。

2. 移民生计资本

Cernea 在研究非自愿移民时指出，移民搬迁是一个痛苦的过程。移民搬迁后，移民的生计资本受到较大的损失，面临着较大的贫困风险，包括失去土地、失去住所、无业、失去食物保障，增加了疾病和死亡的概率，失去了享受公共服务的机会。严登才通过跟踪调查数据，研究了水库建设对移民可持续生计方面的影响，对比分析了移民搬迁前后的物质资本、自然资本、人力资本、社会资本和金融资本，发现移民的物质资本在搬迁后提高了很多，而搬迁对其他四类资本都产生了不同程度的负面影响。傅春研究退田还湖工程对移民生计的影响时发现，这些工程让移民在很大程度上摆脱了洪灾威胁，改善了农户脆弱的外部生存环境，提高了农户生计资产的安全性。他还发现移民的人均耕地面积显著减少，但与之相反，用于养殖的水面面积显著增加，社会资本水平得到不断提高，而人力资本的投资也在增加，金融资产处于相对缺乏的状态。

生计资本分项研究方面，孙中艮在研究水库建设对移民生计资本影响时发现，水库移民减少了社会资本、人力资本和物质资本存量，进而影响不同资本形式之间的相互转换，最终使总的农户资本存量减少。同时，原有的社会关系网也由于搬迁发生断裂，移民中的精英人物难以产生，移民与安置地的居民之间也产生了较大的信任危机。唐勇智根据丹江口水库移民调查数据研究了库区移民的社会资本发现，在可以动员的各类社会资本中，库区农民最重要的社会资本仍然是亲缘、地缘关系；亲缘、地缘关系是移民重要的信息来源，移民的业缘关系和自身能力等也在移民获取信息方面发挥着较大的作用；移民搬迁后，随着市场化水平的提升，社会资本各构成因素的量会发生增减不一的变动，但是从总体上来看社会资本的重要性不会削弱。韩振燕运用2004年浙江温州珊溪水库移民调查数据来分析水库移民的人力资本，发现移民的人力资本价值逐步呈现多样化的特征，在搬迁以后移民学到了很多适应生计需要的生活生产技能，人力资本投资开始得到重视，移民开始主动学习，自觉参加政府主办的就业技能培训班。移民迁移后注重通过提升自身素质来发展生产，改善生计。另外，迁移并不是对所有群体的人力资本产生影响，搬迁前经济基础薄弱、文化知识较低的移民，迁移后他们能够在安置地通过培训等途径学习生产技能，以适应当地的经济发展环境，从而使他们的人力资本水平得到很大提高；搬迁前经济实力较强、职业技能较好的移民，迁移对其人力资本水平影响不大。另外，在搬迁移民中，少数移民由于自身的年龄、家庭条件和文化素质等方面的限制，在安置地迟迟不能适应，参与市场化就业能力差，这一群体的人力资本水平也没有发生多大变化小，如果在后续的发展中没有得到及时帮扶，可能会带来人力资本水平下降的问题。

3. 移民生计策略

在移民生计策略研究方面，既有从移民户的微观角度来研究其生计策略的，也有从宏观的发展政策和环境的角度来研究如何促进移民生计发展的。韩振燕在研究温州水库移民的生计策略时发现，移民的生计基础发生了变化，开始由土地依赖转向人力资本：原来依赖土地为生的农户，搬迁后开始运用自己在培训中学习到的新技术，积极从事非农产业，通过建筑工地打工、交通运输、家电维修以及服装加工等方式来维持生计。在调查中还发现，搬迁给女性劳动力提供了良好的就业机遇，不少农户中的妇女开始在非农部门就业，她们也成为家庭经济收入的重要组成部分。王俊鸿研究发现，受到统筹城乡综合配套改革的影响，成都的羌族移民生计模式发生了重大转变，逐步从"山民模式"向"非农模式"转换，农业发展类型也从"小农经济"变换为"现代农业"。虽然这些转变造成他们当前的贫困，但是也是未来移民改变生计状况、增加经济收入的有益方式。傅春在研究鄱阳湖退田还湖移民生计时发现，移民的就业领域小、可供选择的机会少，由于移民的受教育程度低、专业技能缺乏，大部分移民在进行就业选择时面临着门槛相对较高的难题；另外，由于湖区安置地的经济发展相对滞后，能够提供的就业岗位也比较有限，移民的生计策略主要是从事外出务工和农耕经营。赵文娟通过深入访谈和实地调查，研究了泸沽湖机场建设中搬迁移民的生计转变状况，结果发现移民从高寒山区搬迁后，打破了其传统的生计模式，经济结构重构，占据主导地位的畜牧业逐渐转化成辅助性产业，农业种植成为移民首要的生计手段，得益于迁入地特色产业和相关行业的发展，移民的生计方式出现了多元化的特征，移民开始从事交通运输、餐饮等辅助产业。韦恒聪研究了濑浩屯水库移民搬迁后 50 年的生计模式，发现濑浩屯村移民生计模式发生了巨大变化。由早期以种植水稻、甘蔗、打鱼、捡拾薪柴等为主的传统生计模式转型为种植小番茄、西瓜、芒果、经营农家乐、进行养殖等新的生计模式。

目前，在促进移民生计策略转型的宏观研究方面，有较多的研究者认为城镇化是解决移民生计发展的必然道路，认为只有让移民的生计发展与小城镇的发展结合起来，才能有效地实现移民生计的转型与发展，认为需要重点通过第二、三产业的发展来促进移民的生计发展，尤其是发展旅游业和特色产业。当然，也不是所有学者都认同城镇化是移民生计发展转型的唯一路径。王毅杰和李利浩从移民生产安置模式入手，分析移民生计策略，认为目前在相关生产安置政策的执行中没有重视移民生计模式的复杂性和多样性，生产安置方式更多的是统一的标准和模式。因此，在促进移民生计模式转型方面，除了积极推进城镇化之外，还要综合考虑移民的林业、农业，以及非农产业等生计手段。

4. 移民生计收入

移民安置成功与否的关键在于能否尽快恢复移民的经济收入。邵慧敏对移民的生产生活发展和恢复状况进行了实地调查，并对移民搬迁前后的经济收入和生活水平进行了定量对比分析，结果发现，移民的生活水平和经济收入在恢复的基础上得到了提高，但是移民家庭生活水平出现不均衡的趋势。刘小强通过运用描述性统计方法，分析了多伦县生态移民收入支出结构和总量变化情况，发现生态搬迁以后，当地的产业结构有了很大的调整，移民的经济收入得到一定的改善。东梅运用计量分析方法研究了宁夏红寺堡移民的经济收入，对移民搬迁前后的生产、生活状况进行了对比分析，结果发现移民搬迁工程提高了农户的经济收入，但是从可持续生计的角度看，需要通过生计手段的多样化来持续提升其生计收入，单纯依赖农业收入不能实现生计的可持续性，需要通过外出务工，从事第二、三产业来提升收入水平。

世界银行的研究显示，移民生计会受到迁移的一系列影响，其中包括：破坏了传统的生产体系，丧失了固定的生产性收入来源，安置地资源竞争性使用以及原有的生产技能缺乏发挥作用的条件等。

Cernea 在对水库建设的非自愿移民进行大量的研究，并考察移民在经济、社会和文化方面所面临的主要风险后，提出了移民的风险和风险规避的重建模型，认为在进行移民安置时要优先考虑土地、就业、房屋和社区公共服务等基本的经济变量。具体来讲，就是要在安置中实现有土安置、有业安置、有屋安置，帮助移民快速融入社区，改善移民的医疗保健服务，帮助其得到充足的营养食品，促使移民享有社区的公共设施和服务，重构当地的社会网络。

在国内关于移民迁移后经济贫困方面，杨云彦等探讨了移民的介入型贫困问题，移民搬迁后发生了人力资本失效和可行能力受损的状况，最终产生了介入型贫困。因此，在移民搬迁工程中，移民的能力再造应该得到重视，这也是提升移民可持续发展能力的关键路径。盛济川和施国庆分析了移民贫困的特点，主要有经济收入中断、衣食住行得不到保障、医疗及教育等公共服务丧失以及被边缘化等。并且他们从移民物质资本、社会资本和人力资本三个方面出发，运用经济学视角全面研究分析了移民贫困的原因。敖敦高娃等人在针对内蒙古草原牧区生态移民问题的研究中指出，迁移直接导致移民生产生活成本增加，同时由于牧民缺乏相应的生产技能，也不能实现外出务工，导致生计陷入贫困。杜云素等研究了丹江口水库移民的贫困风险认知问题，通过采用统计调查的方法获取的调研数据分析，发现各种贫困风险已经被移民普遍意识到，尤其是经济风险，但是移民只有用有限的手段来应对风险。田朝晖等认为，生态移民工程在本质上可以有效地反贫困，但从三江源生态移民生计状况来看，存在因无业而导致贫困的现象，必须通过培训等途径来提高移民的生产技能水平，帮助其寻找到合适的就业岗位。

（二）移民贫困风险

国内经济学、管理学、社会学以及人口学等领域学者对生态移民生计转型困境进行了深入研究。将生态移民生计转型的多重风险纳入整体的分析框架，并运用移民识别和认知的方法对生计转型风险进行评估，进一步加大对生态移民生计转型风险特征及应对策略的研究力度。其研究结果发现，生态移民往往会遭遇诸如生计资源匮乏、生计适应性差、民族语言、文化以及风俗等流失等生计困境，并提出了如鼓励移民安置区后续产业选择、发展机制构建、发展模式选择以及加强生态移民工程管理的政策研究等缓解生态移民生计转型风险的政策建议。

在国内关于移民迁移后贫困风险方面的研究主要有以下几个方面：一是移民搬迁后的贫困风险调查。俞欣应用"移民安置中的贫困化风险分析与经济重建模型"，从失去土地到偿还土地，从失去工作到重新就业，从失去住所到重建家园三个方面分析了三峡工程移民面临的贫困风险和经济重建问题。解彩霞（2009）调查了三江源生态移民后发现，移民的经济生活遇到了不少困难。从对格尔木市两个移民点的调查来看，83%的移民家庭迁移后的主要收入来源是国家每个月500元的生活补贴。张娟（2007）对果洛藏族自治州大武镇河源移民新村的调查发现，移民逐渐沦为城镇新的弱势群体。在迁移之前，牧民衣有毛皮、食有牛羊肉、住有毡房帐篷、行有牦牛和马匹，这些基本上都可以通过家庭畜牧业经济得到自给自足。迁移之后，移民变卖了牲畜，失去了畜牧业经济的载体，衣食住行消费水平大不如前。

二是移民贫困风险的认知与评价。杜云素等（2012）采用统计调查的方法对丹江口水库移民的贫困风险认知进行的研究发现，移民普遍意识到迁移后的各种贫困风险，尤以经济风险为重，移民应对风险的策略选择有限。姜冬梅（2011）等以 Michael M. Cernea 的贫困风险理论为基础，运用层次分析法，从物质资本、人力资本和社会资本三个方面对牧区生态移民可能面临的贫困风险进行了研究。

三是移民贫困风险产生原因的研究。施国庆（2009）等根据移民经济活动和收入中断，衣食住行得不到保障，失去必要的医疗、教育等社会公共服务，偏离社会主流被边缘化等贫困特点，从经济学的独特视角出发对移民实物资本、人力资本和社会资本三个方面全面阐释了移民贫困的主要原因。

四是移民贫困风险的应对与防范。游滨、施国庆等（2011）指出，移民搬迁期和经济恢复期必须依靠外部大量输入资金，才能恢复被破坏的社会经济系统的各种功能。如果没有足够的资金对系统进行补偿，移民社会经济系统就会步入恶性循环的轨道，移民就将面临陷入贫困的巨大风险。魏珊（2011）以移民安置控制权为核心概念，提出了移民安置控制权分配和优化模型（RCRM 模型），将研究的重点放在移民生活水平的恢复与提高上，从维护移民利益的立场出发，在土地征用、安置监测制度和移民安置技术三个层面上，在如何提高移民的谈判实力、改善移民的处境等问题上，提出了移民生活水平恢复与提高的一系列对策，为生态移民防范贫困风险提供了一个新的思路。

（三）移民可持续生计

关于移民可持续生计方面的研究，史俊宏提出了可持续生计框架，这是移民工程进行设计的基本框架指导，在此框架下对安置区是否能够满足移民可持续生计的条件进行评价，同时结合国家经济发展背景将移民可持续生计与城乡统筹发展紧密结合。张华山分析了四川省阿坝州几个水电站的水库移民的可持续生计问题发现存在可持续生计发展能力短缺的现象。这些移民已经成为潜在的贫困群体，应该有步骤、有计划地采取措施，提高移民可持续生计发展能力。杨涛在研究了征地移民的可持续生计问题，发现移民可持续生计具有发展性、延续性和正义性的基本特点，提出构建移民可持续生计的政策建议，重点是农民的土地财产权应该得到保障，补偿机制应该科学公平合理，社会保障措施应该全面覆盖，提供职业转换与搜寻所必需的技能培训与创业援助等。严登才从移民共享工程效益的角度提出建构移民可持续生计的建议，指出需要健全移民的社会保障体制，调动移民的参与积极性以帮助其社会融合，同时开展相应的移民生产技能培训与就业支持。

从目前的研究来看，有关移民生计的研究主要集中在移民经济的恢复及其可持续生计方面，存在以下几个方面的问题：一是在研究方法上，定性分析多，定量分析少，对影响移民生计因素进行描述性分析较多，但基于调查数据进行实证计量分析较少。在今后的研究中，还应该基于微观调查将定量实证与定性研究进行有机结合，不断完善研究方法体系。二是在研究内容方面，需对搬迁后思想意识、文化变迁、风俗习惯、社区重构、社会适应对移民的生计恢复与发展进行深入的调查研究分析。三是注重移民回流问题研究。移民回流问题是涉及移民工程成功与否的重要指标。移民安置政策是与移民回流问题直接相关的关键因素。因此，移民的致富发展能力、可供利用的资源和机会、政府的扶持与经济补偿方式、就业安置的适应性以及覆盖移民的社会保障体系等相互交织的一系列问题需要进行系统研究。只有对这些问题进行透彻分析研究，才能为避免或消除移民的回流现象，提供科学有效的对策建议。

总之，国内外的专家学者从经济学、社会学和人口学等多学科视角对搬迁之后的生态移民的可持续生计问题进行了一定的研究，但是对我国西部地区生态移民的生计进行系统研究的还比较少，然而这对于政府的政策反应时机又非常重要。

第二章
基本概念与理论基础

第一节 相关概念界定

一、移民和生态移民

移民是指超过一定空间距离移居的人群，中国古已有之。对于移民，《辞海》的解释是："（1）由政府或民间团体大批地、有组织地迁往国外某一地区永久定居的人；（2）在一国内部、较大数量的、有组织的人口迁移。"根据美国移民法对移民的定义，移民是指"意欲放弃原来居住地和国籍，进入美国永久居留并申请成为美国公民的人"。葛剑雄在《中国的移民史与中国的现代化》一书中，对移民有较为详细的阐述。从广义的移民概念来看，只要改变了居住地点，就是移民。从法律上讲，有些国家的移民主要是指在国家跟国家之间移居的人，移民主要指外国人。因为有些国家比较小，本国内部的迁移，意义不是很大。也有的国家比较注重法律的概念，规定在一个地方居住满多长时间，这样才会承认其为移民。狭义的移民，一般指定居。我国自三峡工程建设以来，"移民"一词也早已成为各大媒体和公众谈论的热门话题。"移民"在现代汉语中是一个相对笼统的概念，它不区分移民出境、移民入境和互相迁移。但不管是移民出境还是移民入境，是国际移民还是国内移民，"移民"都是以重新定居作为目标的，这是"移民"区别于人口流动或人口迁移现象的主要标准。

生态移民在国外最早被称作环境难民，由世界观察研究院（World Watch Institute）的 Lester Brown 于 20 世纪 70 年代首次提出，在随后的几十年中慢慢流行起来，成为国外学者研究的热点。联合国环境署（UNEP）的研究员 El-Hinnawi 于 1985 年首次对环境难民这一概念进行了定义："由于显著的环境崩溃导致人们的生活质量受到严重影响，甚至生存受到威胁，从而不得不选择迁移的人（这种迁移可以是短暂的，也可以是永久的）。"El-Hinnawi 指出，定义中的"环境崩溃"可以理解为生态系统发生的任何物理、化学以及生物变化，从而导致该地区不再适合人类居住。而这一系列的变化可以是由某种严重的自然灾害引起的，如飓风、龙卷风、沙尘暴等；也可以表现为生态环境的逐渐退化，如土地干旱、荒漠化、盐水入侵等。尽管通过 El-Hinnawi 的定义并不能完全区分各种环境难民之间的差异，但是他关于环境难民的定义却是被专家学者们引用得最多的。

除此之外，英国环境学家 Norman Myers 在总结了几十年对环境变化与人口迁移研究的经验基础上，将环境难民总结为："由于干旱、土壤侵蚀、荒漠化、过度砍伐森林等环境问题，结合人口压力、贫穷等社会经济问题，从而致使其生计问题不能得到保障的人。"而 Frank Biermann 等则将气候难民（climate refugee）定义为因为海平面上升、严重的气候事件、干旱或者水资源匮乏等气候变化，致使当地居民被迫离开原居地从而产生的难民。但是，环境/气候难民的概念自提出开始，就一直饱受争议，争议的焦点就在于难民这个身份是否可以得到国际政府的承认。难民与移民之间存在着巨大的差别，其差别在于：难民可以得到国际政府的收留与救助，而移民则不能享有同样的权利。因此支持这一概念的学者们，试图通过定义环境/气候难民，以期增加"难民"的定义范围，从而为由于环境变化造成迁移的人们寻求更多的人道主义帮助与保护。支持者们认为，随着环境变化对人类生产生活影响程度的逐渐增大，环境因素已经成为众多迁移行为的主要驱动力之一。Diamond 通过对全球数十个社会变迁案例的研究分析发现，环境变化是影响这些变迁的一个共同因素，其中又以气候变化对社会变迁的影响最大。同时支持者们还提出，只有对环境/气候难民有了明确的定义，才能保证决策者以及政府部门更好地针对环境/气候难民制定相应的应急措施，减轻由于环境变化而导致的社会经济损失，使那些由于环境因素而不得不迁移的人们得到更充分的救助。

反对使用环境/气候难民概念的学者主要来自于非自愿移民研究以及难民研究领域。他们认为使用环境难民这一概念是不恰当的，主要理由包括：① 从国际上关于"难民"的定义上来说，难民应当是指自身的财产、生活以及生命不能得到本国政府的保障，从而不得不离开自己的国家，寻求其他国家的庇护。而由于环境变化引起的人口迁移，一般都是在本国范围内，从而由此产生的迁移人口不能被称作难民。② 从对难民的分类角度上来说，难民一般都是以社会、政治以及经济这三大类因素来区分，而环境应当归属于经济这一大类，因此使用环境难民这一概念从某种意义上来说是混淆了难民的分类。③ 从迁移这个行为过程来说，人口的迁移应当是各种驱动因素共同作用的产物，环境只是作为其中的一个驱动因素，使用环境难民这一定义无疑是将迁移这个复杂的社会过程简单化了。Anthony Oliver-Smith 认为，使用环境难民一词容易让人产生误解，使人们认为自然环境的变化是导致迁移的原因，而其实这一系列的环境变化归根究底都是由人类活动所造成的。④ 从政府的角度来说，各国政府更希望难民的范围尽可能的狭小，从而减轻他们在财力上的负担。

因此，为了避免"难民"这一提法所带来的争议，联合国难民署（UNHCR）于 2007 年提出了环境迁移人（environmentally displaced persons）的概念，并将其定义为由于不利的环境、生态和气候变化，导致人们的生命、生活以及自身财产受到严重威胁，从而被迫离开原来生存地的人。联合国难民署指出，为了避免与其他难民类型之间产生混淆，在定义时明确指出这种移民的最终迁移地仍在本国范围之内，不会迁移到其他国家，同时导致这种迁移行为发生的原因不涉及迫害、武装冲突以及人权侵害等行为。

在联合国大学环境暨人类安全中心（UNU-EHS）一份研究报告中，又提出并定义了强制性环境移民（forced environmental migrant）这一概念，将其描述为由于环境所带来的压力，而不得不离开原来居住地的人。该定义着重突出了由于环境原因而进行迁移的非自愿性，从而反映出环境变化在迁移过程中所占据的重要位置。

除了上述几种关于生态移民的提法与定义之外，还有环境移民（environmental migrant）、生态难民（ecological refugee）、气候移民（climate change-induced migration）、灾害难民（disaster refugee）等诸多说法。虽说由于对生态移民的概念界定多角度理解而导致争议不断，导致生态移民的定义至今未能有统一的说法，但是这并不影响学者们对于生态移民的研究热情。

尽管不同的专家学者从不同的角度进行了概念的界定和理解，但基本上肯定了生态移民主要是由于生态环境问题而实行的移民，如因生态灾害而引发的移民，或者为了保护特定区域的生态资源与环境而引发的移民。通过对诸多专家学者对这一概念的讨论和争议，我们将生态移民做出如下定义：生态移民（eco-migration），亦称环境移民（environmental migration），指原居住在自然保护区、生态环境严重破坏地区、生态脆弱区以及自然环境条件恶劣、基本不具备人类生存条件的地区的人口，搬离原来的居住地，在另外的地方定居并重建家园的人口迁移。生态移民也指因自然环境恶劣，当地不具备就地扶贫的条件而将当地居民整体迁出的移民。

按照不同的方式，可以将生态移民分为不同的类型：

（1）按迁入地类型，可以分为就地生态移民和易地生态移民。

就地生态移民是指在本乡、本土范围内就地安置移民；易地生态移民则是指离开本乡本土，到其他地方定居。

（2）按迁出地类型，可把生态移民分为生态脆弱区移民和重要生态区移民。

生态脆弱区移民，指将生活在极度干旱、半干旱或生态环境严重退化地区的人口迁移到其他地区定居，以缓解生态脆弱区的人口压力。如甘肃、宁夏在 20 世纪 80 年代实施的"吊庄"移民，以及近年来在内蒙古牧区实施的生态移民，多数是将生态环境脆弱或极度退化和人口压力过大的干旱、半干旱地区的人口向生态环境较好地区迁移。

重要生态区移民，指将重要生态地区，如江河源头区、生态屏障地区、自然保护区的居民逐步迁移出来，缓解人口对生态环境的压力，实现经济发展和生态环境保护的目的。如"三江源国家级自然保护区"

的生态移民，从 2005 年开始，重点在长江、黄河和澜沧江源头地区实施退牧还草工程，将海拔 4500 米以上的牧民分期、分批迁移到自然条件较好的地带，逐步恢复"三江源"地区的生态环境。

二、可持续生计、生计资本、生计策略及后果

20 世纪八九十年代，阿马蒂亚·森等学者对贫困问题研究的卓越贡献，加深了人们对贫困内涵属性的理解。生计概念也逐渐被运用于贫困研究之中，并获得迅速发展。许多研究农村减贫的学者认为，"生计"远比"就业""收入"的内涵要丰富，它将关注的重点转向达到某种生活所需要的方式，能完整地呈现穷人的生存复杂性，并更有利于理解贫困人口为生存而采取的策略。目前，得到普遍认可的"生计"界定是由 Chamber 和 Conway 在 Sen 能力贫困基础上做出的。他们认为："生计是谋生的方式，该谋生方式建立在能力（capability）、资产（assets）（包括储备物、资源、要求权和获得权）和活动（activities）基础之上。"他们进一步指出，可以从个人、家庭、社区等不同层次对生计问题进行分析和研究。在农户层面的"能力"是在一定生存环境中，包括能够应对压迫和冲击、寻求谋生机会等的能力集。资产则是由有形资产和无形资产构成的。有形资产包括储备物资和资源。储备物质包括食物储备、黄金、首饰等有价值物品，以及由于节约等形成的存款。资源包括土地、水资源、树木、家畜、生产工具与设备等。另外，有些资产如树木、存款等既是储备物资也是资源。无形资产包括要求权和可获得权。要求权的含义是能够带来物质、道德和其他实际支持（如来自个人、亲戚、邻居、社区或 NGO 的以食物、贷款、工作机会等形式的支持）的要求和呼吁。可获得权则表述为实践中的机会，包括使用资源、储备物资、服务（如交通、教育、医疗、市场等方面的服务）的机会，此外还包括获得信息、物质、技术、工作、食物和收入的机会等。

在生计概念的各组成部分中，资产既是生计分析的核心，也是最为复杂的部分。Scoones 认为，获得不同生计策略的能力依赖于人们所

拥有的物质和社会资源，以及有形和无形资产。为能够实证调查，他借用了经济术语，将生计资源分为对不同生产模式起到基础性作用的，并构成生计的四类资本，即自然资本、经济资本/金融资本、人力资本和社会资本。自然资本指有利于生计发展的自然资源（如土地、水、空气等）和各类环境服务（如水循环、环境净化等）；经济资本/金融资本指服务于各类生计发展策略的不可或缺的资本，如现金、存款、贷款，以及基础设施、生产设备、技术等其他经济资产；人力资本指实现各类生计策略中的技能、知识以及劳动能力和健康状况；社会资本指为实现不同生计策略的社会资源，包括个人或家庭的社会网络、社会权利以及个人参与的社会协会等。获得研究和实践普遍应用的英国国际发展部（DFID）可持续生计分析框架将 Scoones 的经济资本/金融资本细分为金融资本和物质资本。这样现在使用的生计资本通常包含五类生计资本，即农户生计包括自然资本、金融资本、物质资本、人力资本和社会资本。

可持续生计是指个人或家庭为改善长远的生活状况所拥有和获得的谋生的能力、资产和有收入的活动。一般的，维持生计可运用五类资产，即人力资本、自然资本、社会资本、物质资本、金融资本。在此框架内，资产的定义是广泛的，它不仅包括金融财产（如存款、土地经营权、生意或住房等），还包括个人的知识、技能、社交圈、社会关系和影响其生活相关的决策能力。生计的持续性就是通过统筹利用各类生计资产的生计策略获得持续发展的能力。这种持续性包括生计策略创造有益就业的能力、抵御风险的能力、恢复生计的能力、获得主流社会接受和公平性得到保证的能力等，取决于各类生计资产在特定生计策略下应对自然的、社会的、经济的、政治的等多种风险并通过资产组合获得资产积累的情况。

对生态移民可持续生计的定义，笔者认为，生态移民在搬迁之后，根据变化后的生计环境进行包括资金和人力资本在内的诸多生计资产的配置，从而至少保持其现有生计水平不低于搬迁前的水平。因此，从资产配置效率的角度看，生态移民可持续生计是在制度变迁的转型时期，生计资产通过有效率的配置，使此群体搬迁后的生计处于"帕累托改进"状态，即大部分人福利（生计）有改善而无一人的福利（生计）有所减少的状态。

杨云彦、赵锋、石智雷等在对南水北调中线工程库区、丹江口库区移民生计的研究时，用两个指标来测量自然资本，一是农户家庭拥有耕地数量，反映家庭可以使用的土地资源的规模；二是耕地质量，用来反映耕地作物的产出效率。物质资本选择住房条件、自有物质资产、公共基础设施条件的评价来衡量。其中，住房条件包括房屋建筑年限、类型和面积测量；自有物质资产选择除住房以外的 27 种物质资产（农用车、拖拉机、电冰箱等）进行衡量；公共基础设施条件的评价以医疗卫生设施条件、道路交通的方便程度、教育资源、市场条件（买卖种子、农作物的方便程度）四个方面以农户的满意程度作为标准。金融资本选择农户年获得的政府补助、现金收入、通过各种渠道筹措的资金来衡量。政府补助包括农户获得的移民补贴和种粮补贴；现金收入包括农林作物收入和外出务工收入；各种渠道筹措的资金主要指农户从银行或亲朋好友处筹措的资金。社会资本包括农户与亲戚、村干部、乡邻的关系，农户在生产生活中获取支持的状况，前者用来反映农户在面临困难和风险时获得支持的能力，后者包括家庭在做重大决策事项、劳动力互助、筹集资金方面得到社会支持的情况。人力资本以农户家庭成员的劳动能力和成年劳动力的文化程度所体现的生计活动能力作为衡量指标，其中，劳动能力以健康状况和年龄为主要标志，文化程度以受教育程度为准。

严登才、施国庆、伊庆山等在对三峡库区、丹江口库区、广西红水河岩滩库区及水利水电工程移民可持续生计的研究时，自然资本选择人均耕地面积和耕地质量来衡量。物质资本选择家庭资产、住房条件和基础设施三个方面来衡量。金融资本将农户获取资金的渠道和家庭收入作为评价指标。社会资本分为社会关系网规模、人际信任两部分。其中，社会关系网规模用实际支持帮助网、情感支持网和财务支持网规模三个指标来衡量，以反映家庭在面临困难和风险时所能调动社会资源的能力；人际信任包括移民与移民之间、移民与外村农户之间的人际交往状况。人力资本选择户主年龄、家庭成员平均受教育程度和家庭劳动力数来衡量。

因此，本书结合前人对移民生计资本的研究、调研地的实际情况及问卷的设计，对五个资本界定为：自然资本用农户家庭中人均耕地面积和人均林地面积来衡量；物质资本选择住房和家庭自有资产作为物质资本的评价指标；金融资本以农户三年内是否从亲朋好友处借过钱、是否得到过政府的小额到户扶贫贴息贷款、是否从银行借过钱三个方面作为评价标准；社会资本用社会关系网络规模用亲戚中的村干部或公务员的数量和急需大笔开支时可以求助的户数来测量；人力资本选用家庭劳动能力、户均受教育水平、是否受过非农培训、健康状况来表示。

生计策略指的是以人为中心，怎样把自身所占有的生计资本转化为好的生计成果，换句话说就是通过自身拥有的生计资本实现所要达到的生计目标的方式或手段。农户在选择自己的生计活动时受到拥有的资本状况和所处环境的影响，他们选择的生计活动是动态变化的，尤其是搬迁户在搬迁以后资本状况和外部环境都发生很大改变的情况下，生计活动的选择必然也会发生改变。选择不同生计策略的目的是为了进一步增加收入，改善生活状况等。

本书对农户生计策略概念的界定主要集中在农户搬迁后的就业和发展方面，也就是说，农户在搬迁以后在新的环境中对下一步生计活动的选择上，是务农还是外出务工，还是同时选择多种生计活动。

生计后果是生计活动的结果。本书对生计后果的研究主要是基于农户选择的生计活动对家庭经济结构产生的影响，选择收入多样性和收入依赖性来衡量。家庭收入多样性指数，可以反映农户家庭收入的多样性水平，如果多样性指数低则表明农户的收入结构不稳定。收入依赖性指数，反映农户是否存在对特定收入具有依赖性，如果依赖性指数高则表明农户的收入结构存在风险。

三、贫　困

贫困这个概念看起来简单，实则是较为复杂的社会现象。在过去的百年间，有关贫困的定义和度量方法得到不断的丰富和完善，贫困的内涵也不断深化，由最初的收入贫困，演化到能力贫困，再发展到当前的权利贫困，反映出贫困多元的特点。贫困概念的界定不单是为了划分贫困与非贫困群体，而是为了更有效地解决贫困问题。因此，准确界定贫困的概念和内涵，是根除贫困现象的必然要求。

纵观人类历史，在不同的历史阶段和地域，由于经济社会发展水平的不同，人们对贫困内涵的认知也不同。具有不同研究背景的人往往也从不同的角度认识贫困，对贫困做出了各种不同的理解。

（一）经济层面的界定

贫困首先被认为是一种经济现象。经济学领域对于贫困问题的关注可以追溯到亚当·斯密、马尔萨斯、李斯特以及卡尔·马克思等人的著述当中。然而，受制于时代和发展的局限性，在他们的研究成果中，我们既找不到关于贫困的确切定义，也找不到对贫困进行划分的明确而统一的标准。直到 1901 年，英国的经济学家朗特里（Seebohm Rowntree）出版了一本针对贫困研究的专著——《贫困：关于乡村生活的研究》（*Poverty: A study of Town Life*），他在这本书中对贫困的含义进行的阐述，这被人们认为是较早的对贫困所下的定义（吴理财，2000）。

虽然有了朗特里的基础性定义和研究，但在 20 世纪 60 年代以前，关于贫困的理论性研究还没有被作为一个特定的对象而纳入经济学的系统框架之中。1965 年 5 月，诺贝尔经济学奖获得者、美国著名的发展学者舒尔茨在《美国经济评论》第 40 卷上发表了一篇题为"贫困经济学——一位经济学家关于对穷人投资的看法"的经典论文。在这篇论文中，舒尔茨指出："虽然经济学家们已经对经济稳定和经济增长进行了大量的分析研究，但是在经济学中却仍然缺乏带有理论性的贫困问题的专门研究。……也没有提出任何为了解释有关贫困的一些重要经济问题的经济学假说。……因为他们没有将关于贫困问题的理论纳入经济学的研究范畴。"舒尔茨还倡导：经济学家应该将关于贫困问题的理论纳入经济学的研究范畴。

随后，就有一大批发展经济学领域的专家学者对基于经济学范畴的贫困理论及实践进行了研究和探讨。这些学者当中，瑞典发展经济学家缪尔达尔（Karl Gunnar Myrdal）和印度著名经济学家阿玛蒂亚·森（Amartya Sen）因在贫困研究上的突出贡献而分别荣获了 1974 年和 1998 年的诺贝尔经济学奖。虽然贫困在经济学领域的学科体系因其研究领域的复杂性尚未建立起来，但人们对这一研究领域的一系列问题，诸如经济增长与贫困的关系、如何度量和界定贫困、反贫困战略如何制定等都进行过较长时间的讨论和研究。

即便还存在理论研究上的种种盲点和空白，但大部分的研究者对贫困的内涵都有了较为统一的认识。即从经济学的角度来看，贫困是由于收入不足而导致的生活匮乏状态。因而，有人把贫困界定为缺少达到最低生活水平的能力，也有人把贫困界定为个人或家庭的经济收入不能达到社会可接受的生活标准的那种状况。但实际上，贫困的定义是随着扶贫实践的开展，以及研究者在认识上的深化而演变的。

（二）经济—社会层面的界定

随着社会生产力的发展，以及社会经济制度的不断演进，人们对贫困内涵的认识在不断变化，对贫困的成因和性质的认识也在不断变化。起初，人们认为贫困只涉及收入与消费，随着时间的推移，人们发现贫困呈现出复杂的多维特征，涉及经济、历史、教育、营养、生理、心理、风险、文化和政治权利等多方面的因素。因此，人们逐渐认识到，贫困既是经济问题更是社会问题，一般认为它是经济和精神上的双重匮乏。贫困具有经济特征，也具有一系列的社会特征。

以阿玛蒂亚·森为例，他之所以能够获得 1998 年诺贝尔经济学奖，就是因为他从伦理学的角度对被普遍认为是属于经济学研究范畴的饥荒和贫困现象进行了重新解读，他建构了经济学的伦理基础，并提出了经济现象的伦理学研究方法[参见《经济学与伦理学》（1998）]。从这个意义上来说，阿玛蕾亚·森不再是一个就贫困谈贫困的经济学家，他从更广阔的视角和领域探索人类社会的贫困现象及解决贫困的方法，他的研究拓展到了社会维度的伦理学领域。

阿玛蒂亚·森在研究中发现，贫困人口之所以会陷入贫困的境地，不仅仅是因为缺乏生产资料，更多的时候是因为他们处于"权利的一种剥夺"状态。这种权利被剥夺的原因既有物质因素，又有经济因素，更多的是社会因素。进而他又提出了即使在富裕国家同样会存在"饥荒"问题导致的贫困，是"以贸易为基础的权利、以生产为基础的权利、自己劳动的权利、继承和转移的权利"之一的被"剥夺"和"配置不合理"所带来的严重后果，这就是著名的"丰裕中的贫困"说。

综合有关机构的定义和学者们的研究，贫困实际上包括两层意思。第一，贫困是由于物质、文化和社会资源的匮乏，从而使一部分人群的生活水平低于社会可以接受的最低标准。第二，从根源上讲，贫困是因为缺乏相应的手段、能力和机会。因此，要克服贫困，就不应该仅仅被动地保障贫困者的最低生活水平，而应该更多地关注使人们陷入贫困的，主动保障贫困者拥有生计必要的手段、能力和机会。因此，对贫困的研究不应再囿于表象，而要从根本上解决这个世界性的难题，需准确把握贫困现象的本质及根源，以便于能够最大限度地减贫，为世界各民族群众带来更多福音。

基于以上评述，本书把贫困定义为：由于缺乏物质的、文化的和社会的资源而处于一种社会不可接受的最低生活水平或生存状态，以及由于缺乏必要的手段、能力和机会而不能摆脱这种最低生活水平或生存状态的经济—社会现象。

四、风险与贫困风险

风险是一种可能发生的危险，而危险就是不安全，遭到损失或失败的可能。风险是一个面向未来的可能性范畴，而不是一个事实性范畴。风险与危险、灾难相关联，但它本身并不是危险或灾难，它只是一种危险和灾难发生的可能性。风险古已有之，并非现代社会才出现。风险是人类社会不可避免的伴生物，不管是在过去、现在还是未来。

·

只是在不同的社会发展阶段中，不同的生产生活方式下，人类面临的风险在数量、性质和表现形式上存在较大差别。贝克根据社会经济发展阶段的先后顺序，区分了三个阶段的社会风险：前工业社会的风险、古典工业社会的风险和人为的大规模的"后工业主义时代"的风险（即风险社会）。

前工业社会面临的贫困风险具有两个明显特征：一是风险主要来源于自然界的外部风险，如遭遇猛兽袭击，自然灾害等。二是风险是个体性的。自然灾害往往只是在某个时间段，某个地域内发生；也可能来自个人生理上（疾病）的风险。贫困风险波及的人口范围较窄。

古典工业社会的风险相比前工业社会的风险而言，主要来自于个人之外，是人为风险，风险的不确定性增加，而可控性减少。风险覆盖的范围更广，以集体贫困为主。工业社会中的产业结构调整、经济周期波动等导致的失业，一般都是集体性的。

进入后工业社会时代，现代化使国家力量中央化、资本集中化、劳动分工化、市场关系网络化以及社会要素流动化，使风险问题更加呈现社会性、结构性特征。后工业社会的风险不再局限于具体的某个个体或某些群体，其风险分配特征也由阶级地位的分配变成风险位置的分配。这些风险具有很高的不确定性和不可感知性，具有整体性、全球性和平等性。任何阶级，无论是富人还是穷人都面临同样的风险。如放射性物质、水和空气中的污染物等对人和自然界的影响是潜在的、不确定的，也是人们难以通过感官直接感受到的。这种风险是不分国界、不分种族、不分人群的，是全球性问题，对所有人都是"平等的"，很难有哪个群体或个人可以独善其身。对于贫困风险而言，虽然不如空气污染、核辐射等风险具有整体性特点，但也至少表现为集团贫困。这意味着外部风险造成的贫困现象可能是大面积的，不仅超出个人控制范围，而且超出区域控制范围，甚至可能超出国界。面对这种风险侵袭，如果没有某种跨国联动机制，则是很难预防和应对的。

第二节　西部地区生态移民可持续生计
研究理论基础

一、贫困恶性循环理论

美国发展经济学家罗格纳·纳克斯在《不发达国家的资本形成》一书中系统地考察了发展中国家的贫困问题，提出了"贫困恶性循环"理论（vicious circle poverty）。纳克斯贫困恶性循环理论的经济含义如下：① 资本形成不足是发展中国家陷入长期贫困的根源，也是其经济发展的主要障碍，其根本原因又在于人均收入水平过低——发展前景悲观。② 贫困恶性循环，由供给循环和需求循环两个序列共同构成，两者相互影响和制约。③ 要打破贫困恶性循环，必须大规模增加储蓄，扩大投资，形成各行业的相互需求，使恶性循环转为良性循环，供给创造需求。

纳克斯认为，发展中国家普遍存在的一个特征是经济发展停滞不前，人均收入水平低，生活贫困。贫困的恶性循环是主要的恶性循环，而产生贫困恶性循环的原因在于资本缺乏，资本形成不足。纳克斯分别从供给方面和需求方面考查了资本形成的恶性循环。从供给方面看，资本形成存在着一个恶性循环：发展中国家经济落后，人均收入水平太低。由于收入低，大部分收入用于消费，储蓄水平低，储蓄能力小，资本形成不足。资本形成不足使生产规模难以扩大，生产率难以提高，因此难以实现较快的经济增长。从需求方面看，资本形成也存在着一个恶性循环：发展中国家经济不发达，人均收入低，生活贫困。低收入意味着低消费和低购买力。低购买力引起投资引诱不足，导致资本形成不足。

罗格纳·纳克斯所提出"贫困恶性循环"理论，其核心是要说明：资本缺乏是产生"贫困恶性循环"的根本原因，资本形成不足是经济发展的主要障碍和约束条件。因此，要打破"贫困恶性循环"，必须大规模地增加储蓄，扩大投资。

二、人力资本理论

"人力资本理论"产生于20世纪60年代，其代表人物是美国的经济学家西奥多·W.舒尔茨。"人力资本理论"来源于柯布一道格拉斯的生产函数。舒尔茨长期研究农业经济问题，他通过分析20世纪初到20世纪50年代美国农业生产产量迅速增加和农业生产率提高的原因发现，土地、人口数量或资本并不是美国农业生产产量和农业生产率增长的主要原因。相反，以前并不被人关注的人的能力和技术水平的提高才是最主要的原因。传统观点所认为的经济增长必须依靠物质资本和劳动力数量增加已经无法解释这一现象，必须由新的理论来说明。因此，舒尔茨提出了"人力资本理论"。舒尔茨系统论述了人力资本的内容，即保健设备和服务的各种开支；在职培训；正规的初等、中等及高等教育的支出；非厂商组织成人教育训练，特别是包括农村的推广教育；用于劳动力国内流动的支出；用于移民入境的支出；提高企业能力的投资等。在这些人力资本投资中，舒尔茨特别强调教育增强人力资本的作用。

在此之前，费雪在1906年发表的《资本的性质与收入》一文中首次提出人力资本的概念，并将其纳入经济分析的理论框架中。与舒尔茨同时代及以后对人力资本理论做出突出贡献的主要有贝克尔、明赛尔、丹尼森等，他们从不同的角度对人力资本进行了论述。舒尔茨对人力资本的最大贡献在于他第一次系统地提出了人力资本理论，并冲破重重阻力使其成为经济学的一门新分支。

舒尔茨在《教育经济价值》（1962）和《改造传统农业》（1964）中提出，将人力资本理论融入对传统农业的改造中，进行农村扶贫工作。舒尔茨还指出，发展中国家经济落后的根本原因不是物质资本的短缺，而主要在于人力资本的不足。针对传统农业落后的问题，舒尔茨也进行了分析，他认为技术停止是传统农业落后以及农民贫困的主要因素。在如何改造传统农业方面，舒尔茨提出了四条途径：① 建立健全价格体制；② 政府必须承担起农业科学技术研究及推广的责任；

③ 大力发展农村教育事业；④ 取消大农场，推广家庭农场。

舒尔茨的"人力资本理论"高度重视人力资本对改造传统农业和缓解农村贫困的作用，认为加强人力资本投资是农村反贫困的关键所在。这对于生态移民反贫困研究有重要的启示。生态移民贫困地区的一个重要特征就是贫困农牧民的科技文化素质普遍偏低。大量低素质的农牧民人口将进一步加剧生态移民贫困地区的贫困程度。从舒尔茨的"人力资本理论"出发，在今后的生态移民反贫困进程中应该更加重视教育投资以提高贫困农牧民的人力资本。

三、社会资本理论

关于社会资本理论，许多学者都进行了研究。皮埃尔·布迪厄（Pierre Bourdieu）是第一位在社会学领域对社会资本进行初步分析的学者，科尔曼对社会资本做了较系统的分析，帕特南对社会资本进行了系统研究。

（一）布迪厄对社会资本的研究

皮埃尔·布迪厄在其关系主义方法论的基础上提出"场域"和"资本"概念。"场域"是以各种社会关系连接起来的、表现形式多样的社会场合或社会领域一个场域可以被定义为在各种位置之间存在客观关系的一个网络，或一个构型。场域是由不同的社会要素连接而成的，社会不同要素通过占有不同位置而在场域中存在和发挥作用。场域就像一张社会之网，位置可以被看成是网上的纽结。位置是人们形成社会关系的前提，"社会成员和社会团体因占有不同的位置而获得不同的社会资源和权利"。布迪厄认为，场域作为各种要素形成的关系网，是一个动态变化的过程，变化的动力是社会资本。布迪厄把资本划分为经济资本、文化资本和社会资本三种类型，集中研究了资本之间的区分及相互作用，认为资本之间可以相互转换。布迪厄提出，所谓社会资本就是"实际的或潜在的资源的集合体，那些资源是同某些持久的网络的占有密不可分的。这一网络是大家共同熟悉的，得到公认的，而且是一种体制化的网络，这一网络是同某团体的会员制相联系的，它从集体性拥有资本的角度为每个会员提供支持，提供为他们赢得声望的凭证"。社会资本以关系网络的形式存在。

（二）科尔曼对社会资本的研究

詹姆斯·科尔曼（James S. Coleman）以微观和宏观的联结为切入点对社会资本做了较系统的研究。他认为社会资本研究的目的在于通过对社会资本的研究来研究社会结构。科尔曼指出："蕴含某些行动者利益的事件，部分或全部处于其他行动者的控制之下。行动者为了实现自身利益，相互进行各种交换其结果，形成了持续存在的社会关系。""这些社会关系不仅被视为社会结构的组成部分，而且是一种社会资源。"科尔曼由此提出了社会资本的概念。他把社会结构资源作为个人拥有的资本财产叫作社会资本。社会资本不是某些单独的实体，而是具有各种形式的不同实体。科尔曼认为，社会资本是与物质资本和人力资本相并存的，每个人生来就具有这三种资本。其中，物质资本是有形的，社会资本和人力资本是无形的，它们三者之间可以转换。社会资本的形式有义务与期望、信息网络、规范与有效惩罚、权威关系、多功能社会组织和有意创建的组织等。

（三）帕特南对社会资本的研究

罗伯特·帕特南（Robert D. Putnam）在科尔曼的基础上，将社会资本从个人层面上升到集体层面，并将其引入政治学研究中，从自愿群体的参与程度角度来研究社会资本。帕特南把社会资本看作是对社区有影响的人们之间所构成的一系列"横向联系"，这些联系包括"公民约束网"和社会准则。从本质上讲，社会资本是一种支持性的关系，它可以减少人们达到目的的信任成本，网络和规范是这种关系中最重要的三个组成部分。对于贫困者而言，社会资本可以转化成为他所需要的帮助，减少他获取资源所需的成本，这样他就相当于获得了某种程度的保障。换句话说，社会资本对于缺乏资源的贫困者而言具有一定的社会保障功能。对于生态移民而言，由于环境恶化而需要搬迁，移民原有的关系网络遭到破坏，移民需要在新的安置地重建社会资本，因此伴随着移民活动的发生，移民的社会资本受到了损失。

四、贫困、风险与重建理论

世界银行社会学家迈克尔·塞尼教授在非自愿移民安置方面有很多论述，他研究的基本宗旨是把人作为所有发展活动，包括投资活动的出发点、中心和最终目标。他于 20 世纪 90 年代中期提出了移民贫困风险模型，即 IRR 模型（Impoverishment Risks and Reconstruction Model for Resettling Displaced Populations）。IRR 模型由三个核心基本概念风险（risks）、贫困（impoverishment）和重建（reconstruction）组成。IRR 模型是分析由移民搬迁而引起的贫困风险以及消除或减少这些风险的理论和实践工具。虽然所有的非自愿移民安置与重建过程会诱发主要的社会和经济风险，但通过制定相应的重建战略并分配适当的资源，伴随非自愿移民安置与重建过程的各种风险是能够得到控制和规避的。IRR 模型认为，任何非自愿移民安置过程的主要目的应该是防范贫困风险的发生、恢复和改善移民的生活水平。为了实现这一目的，IRR 模型从土地开发、就业、住房重建、食物供应、健康恢复、移民社会组织结构的重构、移民社会整合等方面构造了移民重建的总体战略。IRR 模型有四个相互区别又具有内在联系的功能。

1. 预测功能（predictive function）

此功能来自于 IRR 模型凝结的过去非自愿移民活动中所积累的各种知识和经验，它能帮助移民管理部门和规划人员通过对潜在的问题预测，制订周密的移民计划，以回避或减少可能出现的风险。此功能的实用性在于它使计划人员和可能受到影响的人们在涉及移民安置的工程项目实施之前明确工程项目所带来的风险，寻找可能的替代方案以避免移民搬迁或者预设相应的缓解措施、谈判策略和处理方法。

2. 诊断功能（diagnostic function）

该功能是指通过实地调查，将即将实施的工程项目的一般风险预测转化为特定项目的风险诊断，分析在某一具体环境下贫困风险出现的强度，揭示出移民搬迁活动可能引起的社会、经济的风险及后果，从而为规划项目提供信息，以预防风险并采取相应的风险防范措施。

3. 解决问题功能（problem-resolution function）

此功能在于模型敏锐的分析能力和明确的行动方案导向。该模型认为，非自愿移民安置活动涉及的有关部门和人员，如政府部门、决策人员、移民、项目设计人员、项目实施机构、研究人员等通过相互沟通和交流都能为找到问题的解决方案做出贡献。在前两项功能的基础上，通过从风险的预测和诊断过程转向具体风险防范行动方案，为制定移民的生产和生活重建提供指南。

4. 研究功能（research function）

该模型为移民工作者从事和组织实际调查工作提供了一个概念平台。该模型鼓励对非自愿移民活动中各重要变量之间的关系进行探讨，促进有关风险之间的相互联系以及风险之间的强化或弱化效应关系的研究。该功能的实用性在于它能够指导实际调查工作围绕模型的重要变量进行数据的收集，并对不同的实际资料进行一致的、连贯的汇总和处理。不同的工作者既可以以此为基础，结合本国的实际情况，研究和制定适合于本国的移民理论和实践指南，也可以以 IRR 模型（见图 2-1）为起点，从不同的角度、不同的思维寻求更为合理、有效的移民方案。

五、可持续生计理论

在生计概念逐步被农村发展研究所采用之后，学术界就开始通过可持续生计的途径来研究农户生计。农户的可持续生计分析途径是 20世纪 90 年代由一些国际援助组织逐渐发展起来的，如世界银行以及英国国际发展署（DFID）等组织。可持续生计分析途径以"资产—可获得性—活动"为基本框架，综合了脆弱性、贫困、风险处理、农户以及农户对外界冲击和压力干扰下的适应策略等方面的内容。该分析框架在目前的国际发展研究与实践项目中被广泛应用，尤其是有关弱势农村群体的发展项目。

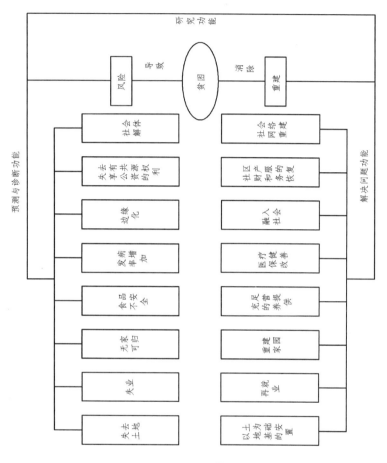

图 2-1　IRR 模型

（一）可持续生计相关理论与发展

20 世纪后期，多种迹象表明实施半个多世纪的发展战略并未给全球经济带来均衡发展，仍有 100 多个国家的经济一直陷于衰退或停滞不前的状态，全球的收入分配格局也呈现出比较严重的两极分化现象，共有 13 亿人口生活在贫困当中，并且这些贫困人口中有很大一部分连基本食物和营养需求都得不到满足。农村的贫困与发展成为发展中国家促进发展的重要议题，对贫困与发展问题认识的深化促使国际发展研究机构以及非政府组织提出新的分析和解决的途径，"可持续生计"的概念和理论在此背景下逐渐得到发展。

　　如上所述，可持续生计的概念和理论源自对反贫困问题的思考。贫困的问题具有复杂性和多维性，并不仅仅是传统所理解的经济方面的贫困。最早提出"可持续生计"（sustainables livelihoods）概念的是世界环境与发展委员会20世纪80年代末的一份报告。1992年，联合国环境和发展大会（UNCED）在其行动议程中将这一概念引入，并提出各国消除贫困的主要目标是稳定的生计。1995年，在哥本哈根召开的社会发展世界峰会和在北京召开的联合国第四届世界妇女大会上，又进一步强调了可持续生计对农村发展和减少贫困的重要意义，并将就业作为实现"可持续生计"的一种手段。生计的概念包括维持生活的资本、能力和活动。可持续生计是指某种生计方式可以有效应对外界的冲击或压力，并且能够在不损害其自然资源的前提下使资本和能力得到维持或提高。在 Sen 等学者将"可行能力"引入贫困概念的基础上，"可持续生计分析"将消除贫困作为其基本目标，强调增强个体面临脆弱性环境时处理风险的能力，并慢慢发展成为各发展组织和研究机构理解贫困原因、系统思考解决方案的工具。基于可持续生计的概念和理论，不同的发展和研究机构所开发和采用的可持续生计分析框架也不完全不同。其中，来自英国国际发展署（DFID）的可持续生计分析框架（Sustainable Livelihood Approach，SLA）是影响最大，被广泛借鉴的分析框架之一。以英国国际发展署（DFID）为代表的发展研究机构提出的"可持续生计框架"包含生计概念、思想原则和分析框架，并将此框架在发展中国家的大量实践活动中进行应用。总体来讲，英国国际发展署（DFID）所提出的可持续生计分析框架主要包括五个部分：脆弱性背景、五大类型的生计资本（物质资本、自然资本、金融资本、人力资本和社会资本）、政策和机构变化过程、生计策略和生计产出。可持续生计分析实际上是基于不同的脆弱性背景和可获得的生计资本，当遭遇外在冲击或压力的时候，家庭或社区会根据政策和机构的转换变化过程，选择和实施不同的生计策略，并因此得到相应的生计产出的一个循环过程。

可持续生计分析方法在各种情景的实证研究中被广泛地应用，尤其是在反贫困和发展领域。发展中国家经常发生自然灾害，并且影响巨大，自然灾害成为影响发展中国家可持续发展的一个最常见的威胁，近年来关于灾害背景下的发展研究也在广泛采用可持续生计分析方法，特别是脆弱性的分析方面。通过提升人们的可持续生计资本水平，改善人们的营养与健康条件，促进人们选择和实施多样化的生计策略，可以有效增强人们的灾害恢复力。可持续生计中的核心内容是可持续生计资本，这也是应对灾害或外来冲击时家庭可以调配的核心资源，所以也是家庭灾害恢复力的主要来源。可持续生计框架中的五大类型的生计资本能够比较全面地测度人们的脆弱性以及应对灾害冲击的能力。所以，可持续生计分析也被作为进行脆弱性分析的一种途径，尤其是在气候变化背景下对脆弱性的内容进行全面测度。可持续生计分析框架对灾害应对、脆弱性和气候变化等方面的实证研究在全球许多国家得到运用。

（二）可持续生计框架

当某种生计方式能够有效应对外界的冲击或压力，在不损害其自然资源基础的前提下，能够维持或提升农户的资产和能力时，这种生计就是可持续的。Chimhowu 和 Hulme（2006）识别了几个家庭研究的框架：可持续生计框架（SLF）、多样化农户生计框架、资本和能力框架，以及联合国开发计划署可持续生计框架。正如 Chimhowu 和 Hulme（2006）所分析的那样，这些框架有不同的侧重点，但并不是基础概念的差异。每个框架都尝试去整合资产、约束条件和人的能力，以分析随着时间和空间变化的生计的现状、形式、本质和条件。英国国际发展署（DFID）在"可持续生计"理论和概念的指引下，在 Scoones（1998）农村可持续生计分析的框架基础上，结合 Sen，Chambers 和 Conway（1992）等学者对贫困的深入理解，提出了可持续生计框架（SLF）。目前已经成为许多非政府机构和国际组织对发展中国家进行经济援助和发展干预的一个具有指导性的规划发展工具，如图 2-2 所示。可持续生计分析框架的使用使人们从微观的视角来理解和关注贫困人口的生计，该分析框架把农户作为基本单位，以农户家庭的生计资本为基础，通过了解特定背景下人们的资源或资本禀赋状况，探寻让农户把这些资源或资本转化成积极的生计成果的途径或方式。

可持续生计分析框架为我们揭示了一个用于理解贫困的概念理论模型，在这个模型里比较清晰地展现了构成生计的所有核心要素，并明确了各个要素之间的相互关系。从图 2-2 可以看出，生计的组成包括多种因素，同时它也受其他多种因素的影响。可持续生计分析框架中首先涉及的一个重要组成部分是由政治、经济和社会等因素共同构成的影响农户生计的背景。这种背景在生计研究中通常指的是风险性的背景。Scoones（1998）把这种风险性的背景划分成两类：一类是趋势和条件背景，主要包含政治、经济、文化和历史趋势，以及社会、人口和气候等差别；另一类主要是外部的组织和制度。Ellis（2000）则把这种风险性的背景分成不变因素和可变因素两种：不变因素包括组织、制度和社会关系等，可变因素包括冲击与趋势等。另外，Carney也从生计的脆弱性背景与条件转化过程的角度进行了分类。进一步来讲，首先，人们是生活在一定的"风险环境"中的，这样的环境条件会给主体所在的外部社区带来一定的变化。这种变化从强度上来讲，可能是缓慢逐渐的变化，也可能是突然的冲击，在该"风险环境"中所形成的冲击和季节性变化深刻地影响着人们的生计和进行生计活动所需的生计资本，人们处于这种变化之中但也不能控制这种变化。这些变化是由社会的经济、政治、人口和自然环境等因素所形成的历史趋势决定的。所以，"风险环境"的重要性就在于它能够直接影响生计主体所拥有的生计资产状况和可行的选择能力和机会，并间接地影响着最终的生计后果。同时，从中我们也可以发现，生计背景涉及社会科学的多个研究领域，这种多研究领域组成而带来的复杂性虽然会造成实践和研究上的一些困难，但是也能通过学科的交叉带来一些新的研究问题。

可持续生计框架为微观农户的决策与行为研究提供了一个有力的指导框架和分析视角，这一框架重点强调贫困农户的能力，总体上将

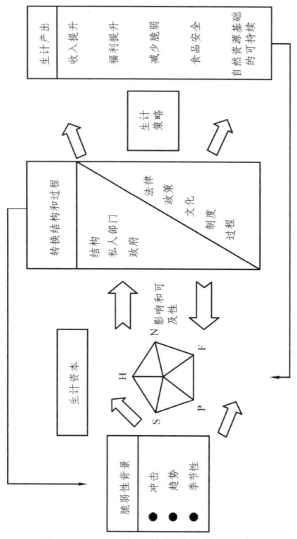

图 2-2　DFID 的可持续生计分析框架

农户的资源和禀赋划分为五种类型的生计资本。这些生计资本影响和
体现着农户的生计发展能力。从贫困农户的资产（物质资本、自然资
本、金融资本、人力资本和社会资本）、权利和能力的角度对贫困农户
生计模式的形成进行研究分析，有助于我们从系统的角度来分析探究
农户贫困的深层原因。政府与非政府组织在农户获得或利用生计资本

时发挥着非常重要的作用，因此，考虑到各种生计资本的农户可获得性，可持续生计分析框架将政府和非政府组织的支持与阻碍的影响作用引入农户的生计资本和生计策略之间，影响作用通过生计资产、文化和制度等因素进行调节。由于农户生计资本在分析框架中的重要地位，所以许多国际援助组织和研究机构都把农户获得资本的所有权或使用权作为反贫困干预中考虑的首要因素。这也从另一方面体现了可行能力在可持续分析框架中的应用，同时从侧面反映了生计资产与生计策略的重要关系。

可持续生计框架是在整理和分析与生计问题相关的复杂影响因素的基础上，把学者们对贫困的新理解集成到一个新的分析工具之中，能够帮助我们对影响贫困的主要因素和生计复杂性的理解。在框架的具体应用中，需要根据具体的研究问题、研究区域特征对它进行适应性调整或修改，使其与当地的环境、条件等实际状况相契合。在本研究中，需要结合西部生态移民的具体特征和基于恢复的研究视角，对该框架进行改进，使该框架能够更好地适应本研究主题。

第三章
生态移民工程对农户生计资本的影响

通过文献的梳理，本章首先构建了自然资本、物质资本、金融资本、人力资本和社会资本的衡量指标，并通过描述性统计具体分析比较了搬迁户和非搬迁户拥有资本的状况；最后运用 Stata 软件进行似不相关回归分析，并讨论了生态搬迁工程的实施对农户生计资本的影响，安置方式对生态搬迁农户生计资本的影响。

第一节 搬迁户与非搬迁户生计资本状况

一、自然资本状况

自然资本指的是农户所拥有的自然资源，这种自然资源可以用来生产产品，并且可以为农户的生计提供其他资源和服务。对农户而言，耕地是最重要的自然资源，是最基本的生存保障，耕地作为衡量农户自然资本存量的重要指标，越多表示拥有的自然资本越高。本章选用人均实际耕地面积和人均实际林地面积来测量，根据问卷设计，农户耕地面积包括到水田面积、旱地面积、茶园面积等。林地面积包括生态公益林面积、退耕还林面积等。

表 3-1 描述了农户总体及非搬迁户和搬迁户的自然资本状况，可以看出：搬迁户的人均实际耕地面积和实际林地面积都显著的低于非搬迁户，搬迁户的人均耕地面积（1.07）显著低于非搬迁户（1.72），搬迁户的人均林地面积（6.08）显著低于非搬迁户（10.69），由此可见搬迁户的自然资本低于非搬迁户（土地资源紧张）。塞尼强调集体资源

的重要性，他认为，集体资源有利于增加个体和村集体的收入，同时可以减少移民的支出。当地移民在搬迁后失去了原来拥有的丰富的山林和水域，主要因为在安置区进行土地调整和再分配的难度较大，一方面受制于当地的客观生态条件，土地资源的稀缺导致搬入的农户很难再分配到新的土地；另一方面搬入地原有的土地都已承包给当地村民，也很难进行大的调整，搬迁户能分到的大多也是需要新开垦的荒地或者需要改良的土地。这些原因导致移民自然资本的损失难以得到合理的补偿。

表 3-1　非搬迁户与搬迁户自然资本对比

	总体	非搬迁户	搬迁户	LR/t 检验
人均实际耕地面积	1.53	1.72	1.07	***
人均实际林地面积	9.36	10.70	6.08	***
样本量	1404	996	408	

注：***，$p<0.001$；**，$p<0.01$；*，$p<0.05$；+，$p<0.1$；ns，不显著。

二、物质资本状况

物质资本是指移民维持生产生活的基础设施和生产资料，如生产工具、基础设施等，包括住房和家庭自有资产（问卷中设计了 11 种重要的家庭资产，如汽车、摩托车、电视、冰箱、电话、电脑等）。在本章中，根据问卷的设计，我们选择住房情况和家庭自有资产作为物质资本的评价指标。

对于农户住房的评价充分考虑到住房的面积、结构、估价和房子与村主要公路的距离。人均住房面积划分为五个等级，分别为 10 m² 以下、10 ~ 20 m²、20 ~ 30 m²、30 ~ 40 m² 和 40 m² 以上，分别赋值 1，2，3，4，5。房屋结构根据当地实物量调查的划分标准，分为土木结构、砖木结构、砖混结构和其他四类，分别赋值 1，2，3，0.5。房屋估价分为四个等级，分为别为 10 万元以下、11 万 ~ 20 万、21 万 ~ 30 万、30 万以上，分别赋值为 1，2，3，4。房子与村主要公路的距离根据当地的实际情况，划分为 1 里（1 里=0.5 千米）之内、2 ~ 5 里、5

里之外三类，分别赋值为 3，2，1。这样农户的住房情况就为人均住房面积、房屋结构、估价和房子与村主要公路距离的赋值之和。在测量农户家庭资产的时候，问卷中涉及了 11 种农户家庭常用的物品，所以按照被调查农户实际所拥有自有物质资产的种类占 11 种自有物质资产的比例来确定。例如，如果某农户家庭有彩电、冰箱和摩托车，则该农户的自有物质资产指标数值为 3/11=0.27。

表 3-2 描述了农户总体及非搬迁户和搬迁户的物质资本状况，可以看出：不论是住房情况还是自有资产情况，搬迁户都显著优于非搬迁户，这种显著性的差异是因为搬迁户在政府的搬迁补贴下住房条件有所改善。有很多研究认为，搬迁户购买耐用品等资产被认为是非理性消费行为。在调查中发现，搬迁户之所以购买冰箱、洗衣机、电脑等耐用消费品是因为他们知道要搬迁，所以在未搬迁前将购买这些消费品的资金节省下来，等到搬迁后再购买。

表 3-2　非搬迁户与搬迁户物质资本对比

	总体	非搬迁户	搬迁户	LR/t 检验
住房情况	9.94	9.57	10.82	***
自有资产	0.25	0.24	0.28	***
样本量	1404	996	408	

注：***，$p<0.001$；**，$p<0.01$；*，$p<0.05$；+，$p<0.1$；ns，不显著。

三、金融资本状况

金融资本是指搬迁户为了实现其生计目标所拥有的金融资源，本书借鉴杨云彦等对金融资本的划分和测量，主要涉及家庭现金收入，获取资金渠道两方面。在本书的问卷调查中，家庭现金收入包括农林业收入、养殖业收入、工资收入、政府补贴和其他收入五部分。工资收入主要指非农经营收入、外出务工收入。政府补助或补贴在问卷中涉及搬迁住房补助、退耕还林补助、粮食补助、家用补贴、农机补贴、家电补贴及低保等。其他收入主要包括亲友馈赠（礼金）、转租或转包土地收入和采药的收入。所有的收入都是调查前 12 个月的家庭收入、农林收入、养殖收入、非农经营收入。总收入在本书中是各项收入的现金纯收入,实物收入不计算在内。在实际的生产生活实践中,搬迁的家庭或多或少都会存在资金短缺的情况。融资渠道作为金融资本的重要组成部分,受到社会资本的影响比较大。本书以农户三年内是否从亲朋好友处借过钱,是否得到过政府的小额到户扶贫贴息贷款,是否从银行借过钱三个方面作为评价标准。

表 3-3 描述了农户总体及非搬迁户和搬迁户的金融资本状况,可以看出:搬迁户的家庭现金收入(21 189 元)显著高于非搬迁户(13 129 元),因为移民虽然在搬迁、装修房屋的过程中,劳动时间有所减少,但是在这一年接受了政府的搬迁补助,总体收入高于非搬迁户。搬迁户的融资渠道(0.92)也显著高于非搬迁户(0.49)。原因是搬迁户由于搬迁行为导致面临较大的现金压力,有更多的现金需求,如新建住房、购置家电用品等,搬迁后急需归还债务或者缓解资金压力。

表 3-3　非搬迁户与搬迁户金融资本对比

	总体	非搬迁户	搬迁户	LR/t 检验
家庭现金收入/元	15 472	13 129	21 189	***
融资渠道	0.62	0.49	0.92	***
样本量	1404	996	408	

注:***, $p<0.001$; **, $p<0.01$; *, $p<0.05$; +, $p<0.1$; ns, 不显著。

四、社会资本状况

社会资本指的是农户在进行生计活动的过程中所能够调动的社会资源,家庭的社会关系网络规模和家庭成员的通信费用两个方面可以反应农户社会资本的高低。根据问卷设计,在本研究中,社会关系网络规模用亲戚中的村干部或公务员的数量和急需大笔开支时可以求助的户数来测量。这两个指标可以反映农户在面临风险和困难时获得支持的强弱和所能调动资源的多寡。通信费用可以反应农户日常交往的频率,根据实际调查过程中了解的情况,将通信费用划分为五个等级,分为 50 元以下, 50 ~ 100 元, 100 ~ 150 元, 150 ~ 200 元, 200 元以上,分别赋值为 1，2，3，4，5。

表 3-4 描述了农户总体及非搬迁户和搬迁户的社会资本状况，可以看出：搬迁户的通信费用（3.16）显著高于非搬迁户（2.50），搬迁户在搬迁后不仅需要维持原有的社会关系网，同时在新的环境下还要建立新的关系网络。融资的需求也迫使搬迁户需要更多的社交活动来满足，这也间接地与金融资本相对应。搬迁户的社会关系网的规模（5.10）大于非搬迁户（4.84），但在统计上不显著。

表 3-4　非搬迁户与搬迁户社会资本对比

	总体	非搬迁户	搬迁户	LR/t 检验
农户社会关系网规模	4.92	4.84	5.10	ns
家庭通信费用	2.69	2.50	3.16	***
样本量	1404	996	408	

注：***，$p<0.001$；**，$p<0.01$；*，$p<0.05$；+，$p<0.1$；ns，不显著。

五、人力资本状况

人力资本是指能够增加移民生计收入或改善健康状况所拥有的劳动能力、技能、知识和健康等。根据问卷的设计主要选用家庭劳动能力、户均受教育水平、是否受过非农培训、健康状况来表示人力资本。农户劳动能力是家庭劳动力个数与总人数的比例，比例的大小可以反映农户家庭整体的劳动能力。受教育水平分为五类，小学及以下、初中、高中及以上，赋值分别为 1，2，3。非农培训用每户参加过非农培训的人数来表示，可以反映农户参与非农活动的能力。健康状况分为好、一般、不好三类，赋值分别为 3，2，1。

表 3-5 描述了农户总体及非搬迁户和搬迁户的人力资本状况，可以看出：非搬迁户（0.73）的劳动能力显著优于搬迁户（0.76），而搬迁户的受教育水平，是否有过非农培训，健康状况则优于非搬迁户，说明搬迁户人口的质量高于非搬迁户。这一方面可能是因为搬迁户在思想上比较重视教育与技能的培训；另一方面在实际的生活中，地理位置及空间的变化对农户选择生计活动或多或少都会有一定的影响，

对于搬迁户，由于搬迁导致自然资本的缺少，不得不提高技能以寻求其他的谋生手段。同时，也是政府对其有效培训指导的结果。

表 3-5　非搬迁户与搬迁户人力资本对比

	总体	非搬迁户	搬迁户	LR/T 检验
家庭劳动能力	0.75	0.76	0.73	+
户均受教育水平	1.48	1.47	1.50	ns
非农培训	2.46	2.32	2.79	***
健康状况	10.34	9.73	11.84	***
样本量	1404	996	408	

注：***，$p<0.001$；**，$p<0.01$；*，$p<0.05$；+，$p<0.1$；ns，不显著。

六、生计资本状况

通过非搬迁户与搬迁户生计资本的单项对比，直观地反映了搬迁对农户生计资本的影响，包括资本损失与增强的变化。但是很难反映生计资本的整体水平变化情况。所以，在确定了各级资本指标权重的基础上，本章继续对非搬迁户和搬迁户的生计水平进行综合评价。

目前，指标权重确定的方法主要有客观赋值法和主观赋值法。客观赋值法一般包括多元回归分析法、层次分析法、直接比较法及神经网络法；主观赋值法中通常是德尔菲法。在这里，我们主要借鉴李小云、饶小龙、董强等对生计资本的指标选取与权重分配：自然资本中人均拥有耕地面积（0.5）、人均实际耕种面积（0.5）、物质资本中住房情况（0.6）、家庭资产（0.4）、金融资本中获得现金信贷的机会（0.25）、获得现金援助的机会（0.25）、家庭现金收入（0.5）、社会资本中参与社会活动和组织（0.25）、资金帮助（0.25）、实物帮助（0.25）、劳动力帮助（0.25）、人力资本中农户劳动能力（0.5）、男性成年劳动力（0.25）、成年劳动力受教育程度（0.25），还有一些学者也对生计资本进行了指标测量等。依据前人的研究，并结合调查当地的具体情况，本书选取的生计资本测量指标及计算公式如表 3-6 所示。由于测量指标的类型、量纲、变化幅度和数量级都不同，所以在对指标进行加总前，需要对其进行标准化，本书采用极差标准化的方法[1]，对每一种指标进行处理，得到处理之后的指标介于 0~1。得到农户生计资本最终的评价结果，如表 3-7 所示。

表 3-6　评价指标权重

一级指标	二级指标	三级指标
生计资本	自然资本（N，0.3）	人均实际耕地面积（N1，0.5）
		人均实际林地面积（N2，0.5）
	物质资本（P，0.2）	住房情况（P1，0.6）
		自有资产（P2，0.4）
	金融资本（F，0.1）	家庭现金收入（F1，0.66）
		融资渠道（F2，0.33）
	社会资本（S，0.2）	农户社会关系网规模（S1，0.66）
		家庭通信费用（S1，0.33）
	人力资本（H，0.2）	农户劳动能力（H1，0.4）
		受教育水平（H2，0.2）
		非农培训（H3，0.2）
		健康状况（H4，0.2）

表 3-7 描述了农户总体及非搬迁户和搬迁户的生计资本状况，可以看出：除了自然资本以外，搬迁户的物质资本、金融资本、社会资本和人力资本都显著优于非搬迁户。说明虽然搬迁工程对农户的自然资本产生了负面影响，但是农户在政府的扶持与自身的努力下，搬迁工程对其他各项资本却是正面积极的影响，农户整体的生计资本，搬迁户（0.29）也显著高于非搬迁户（0.26）。尽管搬迁户和非搬迁户在五种资本禀赋上各具优势，但总体而言，搬迁户的资本禀赋要优于非搬迁户。在某种程度上可以说搬迁工程的实施有利于农户生计资本的改善。

---

① 极差标准化计算公式：　$Z_{ij} = (X_{ij} - \min X_{ij}) / (\max X_{ij} - \min X_{ij})$。

表 3-7 非搬迁户与搬迁户生计资本评价结果

	总体	非搬迁户	搬迁户	LR/t 检验
自然资本	0.09	0.10	0.06	***
物质资本	0.39	0.37	0.45	***
金融资本	0.15	0.13	0.19	***
社会资本	0.23	0.21	0.27	*
人力资本	0.51	0.51	0.53	***
生计资本	0.27	0.26	0.29	***

注：***，$p<0.001$；**，$p<0.01$；*，$p<0.05$；+，$p<0.1$；ns，不显著。

第二节 生态搬迁工程对移民生计资本的影响分析结果

在前面，本章对搬迁户和非搬迁户的五种生计资本进行了对比，结果发现，除了自然资本以外，搬迁户的物质资本、金融资本、社会资本和人力资本都显著优于非搬迁户。这说明，在一定程度上搬迁工程对农户生计资本的改善具有正向作用，但也有可能是由于搬迁户在搬迁前生计资本就比非搬迁户好，或者是其他因素造成的。下面就这一问题进行进一步的分析。

一、变量的选取与描述性统计

在讨论搬迁工程对农户生计资本的影响时，首先以搬迁户和非搬迁户总体作为研究对象，选取是否搬迁作为自变量，看搬迁工程对农户生计资本的影响；然后再以搬迁户作为研究对象，选取是否是集中安置为自变量，看不同的安置方式对农户生计资本的影响。整体的回归模型除了搬迁的自变量以外，还将家庭因素和社区因素作为控制变量。各变量的选取如表 3-8 所示。

表 3-8　变量定义

变量名称	定义
搬迁因素	
搬迁户	农户是移民搬迁户
安置方式	
集中安置户	搬迁以后安置方式为集中安置
家庭因素	
户主特征	
教育	
小学及以下	参照组（户主受教育程度在小学及以下的）
初中	户主受教育程度是初中
高中及以上	户主受教育程度是高中（中专、技校）、大专及以上
年龄	户主年龄
外出经历	户主有曾经外出务工的经历
人口特征	
家庭规模	家庭中人口总数
女性劳动力比例	家庭女性劳动力的数量占总劳动力数的比例
家庭负担比	家庭中非劳动力的数量占总人口数的比例
地理特征	
临近公路	家庭住址是否临近村主要公路
社区因素	
临近保护区	家庭所在村是否临近自然保护区
人均年收入	家庭所在村的人均年收入（1000 元/年）
到镇上距离	家庭所在村到镇上距离（千米）

其中，搬迁因素分为农户是否是移民搬迁户，安置方式是否是集中安置。

家庭因素包括户主的年龄受教育程度及是否有外出务工的经历、家庭人口量、家庭中非劳动力所占的比重、家庭中女性劳动力所占的比重以及住址距离村主要公路的距离。户主的年龄、受教育程度和是否有外出经历通常影响着家庭其他成员生计活动的选择；家庭规模、家庭负担比和女性劳动力比例反映了整个家庭通过生计活动获取生计资本的能力；家庭住址是否临近村主要公路某些程度上反映农户出行，获得资本及转换资本的方便程度。

社区因素包括所在村是否临近自然保护区，所在村的人均年收入，所在村到镇上的距离。农户所在的村是否临近保护区直接关系到农户可以利用自然资源的程度和生计活动的选择，进一步影响着家庭生计资本的存量；所在村的人均年收入在某些程度上反映当地农户整体的富裕程度和社区经济发展的状况；所在村到镇上的距离可以反映该农户利用农产品加工点、商店等生活基础设施的便利程度。同时，这些地方也是农户出售农林产品的主要场所，对农户在生计资本的获得和转换有着重要的影响，一定程度上具有市场经济的功能。搬迁户搬迁以后所在村的基本情况直接影响着他们后续的发展。

自变量的统计信息如表3-9所示，在调查的1404个样本家庭中，搬迁户408户，占29%，其中，集中安置户256户，占63%；不论是初中还是高中及以上，搬迁户户主都高于非搬迁户，并且外出经历也高于非搬迁户，搬迁户的家庭规模和非劳动力所占的比重也显著高于非搬迁户。另外，搬迁户的住所离村主要公路的距离也显著的低于非搬迁户。在社区因素中，搬迁户所在村的人均年收入显著高于非搬迁户，到镇上的距离也显著的低于非搬迁户。以上说明，搬迁户的社会人口特征和搬迁以后的社区因素都优于非搬迁户。

表 3-9　自变量的描述性统计信息

自变量	总体		非搬迁户		搬迁户		LR/t 检验
	均值	标准差	均值	标准差	均值	标准差	
搬迁因素							
搬迁户	0.29	0.01	—	—	—	—	—
安置方式							

自变量	总体		非搬迁户		搬迁户		LR/t 检验
	均值	标准差	均值	标准差	均值	标准差	
集中安置	—	—			0.63	0.02	—
家庭因素							
户主特征							
年龄	50.4	12.75	50.6	12.63	50.0	13.04	ns
教育							
初中	0.34	0.47	0.31	0.46	0.39	0.49	*
高中及以上	0.07	0.26	0.07	0.25	0.07	0.26	ns
外出经历	0.28	0.45	0.26	0.44	0.30	0.46	ns
人口特征							
家庭规模	3.66	1.57	3.45	1.52	4.17	1.56	***
家庭负担比	0.25	0.27	0.24	0.28	0.27	0.24	ns
地理特征							
临近公路	1.21	0.48	1.25	0.52	1.12	0.34	***
社区因素							
临近保护区	1.66	0.47	1.66	0.47	1.65	0.48	ns
人均年收入	4.44	1.08	4.26	1.03	5.0	1.03	***
到镇上距离	10.14	7.91	10.46	8.29	9.33	6.79	*
样本量	1404		996		408		

注：***，$p<0.001$；**，$p<0.01$；*，$p<0.05$；+，$p<0.1$；ns，不显著。

二、回归分析结果

选取农户的五种生计资本作为因变量，五种生计资本经过前面的指标选取和量化加总已经转变成为介于 0～1 连续的数值型变量。为了消除变量之间的共线性和自相关的影响，采用 Sureg 似不相关回归分析。

  表 3-10 以搬迁户和非搬迁户总体作为研究对象，分析了搬迁工程对农户各种生计资本的影响。可以看出，在控制了家庭因素和社区因素之后，搬迁户物质资本比非搬迁户多 0.071，金融资本比非搬迁户多 0.047，社会资本比非搬迁户多 0.045，而搬迁对自然资本和人力资本则无显著的影响。当其他解释变量不变时，在家庭因素中，户主的年龄对物质资本、金融资本、社会资本都有显著的负向影响；户主接受过高中及以上教育的家庭五个资本都高于小学及以下的家庭；户主有外出经历的比没有外出经历的人力资本高 0.003；家庭的人口规模每增加一个单位，自然资本减少 0.017，物质资本增加 0.015，金融资本增加 0.016，社会资本增加 0.035，人力资本增加 0.040；家庭负担比对五个资本都是负向影响。在社区因素中，农户所在村临近自然保护区的金融资本显著优于非临近自然保护区的农户；所在村的人均年收入每增加一个单位，金融资本增加 0.009；所在村到镇上的距离越近，物质资本、金融资本、社会资本和人力资本都越优。结合前面得出的结果，搬迁户的生计资本优于非搬迁户的现状，说明搬迁工程确实有利于农户生计资本的改善。

表 3-10 搬迁工程对生计资本影响的似不相关回归结果（样本量：1404）

自变量	自然资本	物质资本	金融资本	社会资本	人力资本
搬迁因素					
搬迁户	-0.009	0.071***	0.047***	0.045***	-0.003
家庭因素					
户主特征					
年龄	0.029	-0.039**	-0.029**	-0.046**	0.005
教育（小学及以下）					
初中	-0.006	0.034***	0.015**	0.059***	0.052***
高中及以上	0.025**	0.093***	0.014	0.115***	0.043***
外出经历	-0.023***	-0.012	-0.005	-0.000	0.003

自变量	自然资本	物质资本	金融资本	社会资本	人力资本
人口特征					
家庭规模	-0.017^{***}	0.015^{***}	0.016^{***}	0.035^{***}	0.040^{***}
家庭负担比	-0.033^{***}	-0.034^{***}	-0.012^{*}	-0.038^{**}	-0.454^{***}
地理特征					
临近公路	-0.009	-0.084^{***}	-0.014^{**}	-0.019^{**}	0.002
社区因素					
临近保护区	-0.046^{***}	-0.027^{**}	0.043^{***}	-0.019	-0.018^{***}
人均年收入	-0.021^{***}	-0.007	0.009^{**}	-0.010^{*}	-0.002
到镇上距离	0.004^{***}	-0.003^{***}	-0.0003	-0.003^{***}	-0.001^{**}
R^2	0.259^{***}	0.335^{***}	0.186^{***}	0.270^{***}	0.897^{***}

注：表中系数为标准化系数；***，$p<0.01$；**，$p<0.05$；*，$p<0.1$。

表 3-11 以搬迁户总体作为研究对象，分析了安置方式对农户各种生计资本的影响。可以看出，集中安置户的自然资本比非集中安置户多 0.063，物质资本比非集中安置户多 0.064，金融资本比非集中安置户多 0.096，社会资本比非集中安置户多 0.066，人力资本比非集中安置户少 0.014，集中安置的安置方式对自然资本、物质资本、金融资本、社会资本都有显著的正影响，说明集中安置更有利于搬迁农户后期生计资本的发展。在其他因素不变的情况下，在家庭因素中，户主接受过高中及以上教育的家庭除物质资本外都高于小学及以下的家庭；家庭规模对搬迁户的自然资本有显著的负向影响；家庭住址到村主要公路的距离每减少 1 个单位，自然资本降低 0.03，人力资本降低 0.01，物质资本、金融资本、社会资本则提高。在社区因素中，搬迁户所在村临近自然保护区的金融资本比非临近保护区的多 0.101；所在村到镇上的距离每减少 1 个单位，自然资本减少 0.004，物质资本和社会资本则增加。

表 3-11　安置方式对生计资本影响的似不相关回归结果（样本量：408）

自变量	自然资本	物质资本	金融资本	社会资本	人力资本
安置方式					
集中安置户	0.063***	0.066***	0.096***	0.043**	−0.014*
家庭因素					
户主特征					
年龄	0.033*	−0.049	−0.021	−0.053	0.001
教育（小学及以下）					
初中	−0.016	0.029*	0.009	0.047**	0.042***
高中及以上	0.002	0.103***	−0.010	0.124***	0.038***
外出经历	−0.011	−0.007	−0.007	−0.029	0.003
人口特征					
家庭规模	−0.017***	0.012**	0.006	0.031***	0.040***
家庭负担比	−0.029	−0.065*	−0.024	−0.086**	−0.490***
地理特征					
临近公路	0.030***	−0.075***	−0.016	−0.002	0.010
社区因素					
临近保护区	−0.002	−0.040	0.101***	−0.024	−0.014
人均年收入	−0.015**	0.0008	−0.005	−0.014	−0.008*
到镇上距离	0.004***	−0.002	0.001	−0.001	0.000
R^2	0.344***	0.273***	0.210***	0.190***	0.050***

注：表中系数为标准化系数；***，$p<0.01$；**，$p<0.05$；*，$p<0.1$。

第三节　结论

　　本章在陕南搬迁工程实施的背景下，对搬迁户和非搬迁户的自然资本、物质资本、金融资本、社会资本、人力资本进行了描述性统计分析，并且分析了搬迁工程、安置方式对农户五个资本的影响作用。可以得出以下两点结论：

（1）搬迁工程的实施对农户的各种生计资本都产生了影响。

在自然资本方面，不论是人均拥有的耕地还是林地，非搬迁户都优于搬迁户。当地的自然环境及地理条件决定了搬迁户在搬迁后无法分到优质的土地，大多的搬迁户在搬迁之后仍继续依靠原来的耕地及林地，在安置地多数搬迁户自己开垦房屋周围的小面积土地作为菜园。在物质资本方面，政府对搬迁户盖房的补助和搬迁户自我物质资本的投入，增加了搬迁户的物质资本。在金融资本方面，政府的搬迁补助增加了搬迁户当年的现金收入，同时盖房、装修、自有资产购置等的现金压力增加了搬迁户融资借款的渠道，因而其金融资本高于非搬迁户。在社会资本方面，搬迁户的社会资本高于非搬迁户，因为安置地的选择大多靠近公路、人口较多的村镇，有利于农户建立更复杂的新的社会关系网络，另外搬迁对于融资的需求，也促进了搬迁户社会资本的提高。在人力资本方面，搬迁户的受教育水平及参加过非农培训的人数都高于非搬迁户，一方面是农户思想观念的改变，另一方面是政府加强对移民的技能培训的结果。

总之，搬迁户的各个生计资本在搬迁后都有所改善，之前有文献认为搬迁对移民的生计资本造成了负面的影响，可能是因为调查时间与搬迁时间间隔较短，当地搬迁工程优惠政策的效果和搬迁户自身资本建设的效果还没有完全体现出来。

（2）除人力资本外，集中安置的安置方式对搬迁户的各个资本都有显著的正效应。

这主要是由安置的补助方式不同造成的。当地对不同安置方式有不同的补助标准：集中安置按照 100 m²、80 m² 和 60 m² 三种建房面积，根据搬迁户按照不同的户型分别承担 4 万元、2.5 万元和 1 万元。建房所需其余资金由各级财政补助并整合项目资金并统筹解决；对于搬迁中存在的孤寡老人、五保户和特困户由政府来提供免费的住房，这个过程中所需要的资金由各级财政解决；分散安置按每户 3 万元标准予以补助。

可以看到，政府对集中安置户的补助更优造成了集中安置户与非集中安置户资本上的差异。

　　总之，尽管搬迁户和非搬迁户、集中安置户和非集中安置户在五种生计资本禀赋上各具优势，但总体而言，搬迁户的资本禀赋要好于非搬迁户，集中安置农户要优于非集中安置农户。

第四章
农户禀赋对生态移民风险应对策略选择的影响

　　生态移民安置之后，生计中充满了各种风险，与普通的农户所面临的风险不同，生态移民所面临的风险是一种叠加的风险，其面临风险时所采用的策略直接关系到福利水平和可持续生计，因此，本章研究生计资本对生态移民风险应对策略选择的影响，从而比较全面地展示生态移民的可持续生计过程。

第一节　农户禀赋及其效应

一、问题的提出

　　迁移对农户来讲是一个痛苦的过程，根据世界银行的研究，搬迁对移民的生计可能会产生一系列不良影响，其中包括：破坏了原有的生产体系、丧失了赖以生存的土地、失去了生产性的收入来源；人们被安置到另一个可能导致他们原有的生产技能不能充分发挥而且资源竞争更加激烈的社会环境中；社会关系网络遭到严重破坏，失去享受公共设施和服务的机会；在社会发展进程中被边缘化等。根据世界银行提供的风险分析框架显示，农户所面临的风险主要有自然风险、社会风险、经济风险、环境风险和健康风险。生态移民所面临的风险是在一般农户面临的风险基础上由搬迁冲击而形成的叠加风险，给生态移民的生计带来巨大的挑战，特别是一些贫穷的搬迁农户处在詹姆斯·斯科特（James Scott）所描述的"水深及颈"的生活状态中，即使在收入和支出方面出现"细波微澜"也可能会导致严重的生计后果。

例如，无法为接受教育的子女支付学费，不能保证家庭成员的健康，丧失了生产性资产导致贫困的恶性循环等。

农户的福利不仅依赖于他们的经济境况，还依赖于他们采取什么措施来应对和处理遭遇的风险和冲击。一些从事农村经济研究的学者在农户面临的外部不确定因素越来越多的背景下，提出了多种帮助农村家庭抵御风险和冲击的方案，如大力推进"农业产业化"、加强农业经济合作组织建设以及强化集体对农户的支持能力等。所有这些方案的逻辑前提都是以"农户不可能在其内部建立有效的风险应对机制"为基础的。因此，前述的那些方案都力求在农户外部建立风险防范机制，帮助弱小的农户抵御风险，而没有把农户家庭的全部成员及其所拥有的资源纳入风险防范方案中。随着研究的深入，研究者开始把风险应对的影响因素从外部转向了内部，从农户禀赋的角度进行了分析研究，研究农户"动用储蓄""变卖牲畜等家庭资产""借钱""外出务工""减少开支"以及"子女辍学"等方面的风险处理策略。马小勇研究发现，"动用储蓄"是农户在正规信贷市场上实现收入跨时期转移的主要措施之一，主要是相对富裕的农户采用这种风险应对措施。但是，由于农户的存款额一般都比较小，对于大的生计风险，仍然需要寻求其他风险应对手段。"向金融机构借款"是农户通过正规信贷市场来实现收入跨时期转移的另一个主要手段，但是采用这一手段作为风险应对措施的比例相对较小，主要是因为农户可用于抵押借款的资产匮乏，向农户提供贷款的交易费用比较高，导致金融机构向农户贷款的积极性不高。在向金融机构借款不足以应对生活困难时，农户会转而寻求非正规信贷市场"高利贷"这一手段，但农户普遍担忧这样可能会加重生活困难。罗森茨维格（Rosenzweig）等观察发现，农户常常在收入波动时通过出售土地或牲畜来平滑其消费。由于土地和牲畜是生产性的资产，这种做法会极大地影响农户未来获得收入的能力，可能导致农户生计长期陷于困境。苏芳等对黑河流域张掖市农户的风险应对策略的影响因素研究表明：影响农户风险应对策略最显著的因素是人力资本和金融资本，社会资本和物质资本次之；影响农户风险应对策略最不显著的因素是自然资本。在上述有关农户风险应对策略的研究中，虽然有学者已经从农户禀赋的角度分析农户禀赋对农户风险应对策略的影响，但研究方法上还主要是一种定性的研究；在农户禀赋的构成因素方面，大多仍局限于农户家庭自身的资源，没有将农户的社区特征纳入；在研究对象上，还很少有专门针对生态移民这一特殊对象的风险应对策略进行的研究。

本章计划用在陕西安康地区所进行的移民搬迁和农户生计专项入户调查所获得的数据，探索分析农户禀赋对生态移民的风险应对策略的影响。通过定量分析农户禀赋与风险应对策略之间的关系，说明生态移民农户的禀赋因子中，哪些因子在生态移民的风险应对策略选择中发挥作用以及发挥作用的形式和背后的原因。

二、农户禀赋及其效应：一个分析框架

国内外不同领域的学者在农户行为的研究中对农户禀赋及其效应进行了比较深入的探讨。农户禀赋是农户的家庭成员及整个家庭所拥有的包括天然所有的及其后天所获得的资源和能力，包括农户家庭的有形资本和无形资本两种类型，具体包括家庭成员的年龄、性格特征、受教育程度、社会网络、经历、信息资源和家庭的经济状况、地理位置、经营规模、经济环境和社会环境等，即家庭的人力资本、社会资本、物质资本、金融资本、自然资本和社区特征。家庭人力资本是指家庭成员受到教育、健康、培训、经历和迁移等方面的投资而获得的知识与技能的积累。对于社会资本，一般认为是指农户家庭及其家庭成员与其他社会主体所形成的社会网络、互惠性规范以及由此而产生的信任。家庭的物质资本是指农户用于生产生活的各种设施和设备，一般包括家庭的住房状况和其他固定资产状况。家庭的金融资本主要是指农户可以支配的现金，包括家庭自身的现金、通过正规信贷市场和非正规信贷市场获得的贷款以及社会组织或个人提供的无偿援助资金。家庭的自然资本是指家庭所拥有的能够从中导出有利于生计的资源和服务，包括土地资源、水资源、森林资源和草地资源等。农户的社区特征主要包括农户所处的地理位置、社区经济收入状况和公共设

施与服务状况等。

农户禀赋被认为是农户改善经济的机会来源，决定了他们能做什么以及如何做，也决定了他们适应变化和应对风险的能力。农户禀赋的实用性就体现在能够抑制一些人的机会，同时又增强另一些人的机会，让农户的生产更有效率、更便利地获取信贷，甚至发挥安全网的作用。农户的生计是在一个复杂环境中周而复始的循环运行过程，在这一过程的任何环节都存在遭受风险冲击的可能。农户可以通过拥有、运用或处置某些资产来应对风险，维持生计。农户要想有一个可持续生计，要想取得积极的生计成果来维持生活，仅仅依靠一种资产是不可能的，必须拥有不同类型的资产，对那些资产有限的农户来说尤其如此。越来越多的研究表明，农户是其复杂资产组合的战略管理者，安德森（Anderson）在农户应对灾害能力的研究中肯定了农户禀赋的决定作用，发现农户所拥有的物质资源、社会资源以及在此基础上形成的认知水平决定着农户应对灾害的能力。农户的行为对其资源禀赋具有很强的状态依赖性，农户资源禀赋是农户决策行为的重要影响因素，农户禀赋由此成为考察农户风险应对策略选择的一个重要视角。农户资源禀赋的各因素共同决定了农户对家庭风险应对策略选择的态度和能力。生态移民家庭进行风险应对策略的选择过程，实质就是以家庭拥有或者可以利用的各种有形和无形资源为基础进行选择的过程。资源禀赋最终决定着风险应对的实际水平和成效，它的缺失可能会导致生态移民风险应对策略的可行能力缺失。

第二节　变量选取及描述性统计

本章探讨的是农户禀赋对生态移民风险应对策略选择的影响，以"生态移民的风险应对策略"为因变量，主要包括"利用现有财物""借钱"和"外出务工"。"利用现有财物"主要表现为出售家里资产和局限于当前可用财物压缩开支。如果出售的是生产性的资产，将会极大地影响农户未来的生产能力和获取收入的能力，会带来长期的不利影响；压缩开支可能会影响日常生活进而影响家庭成员的健康状况，严重时会为减少开支而让子女辍学，这些都会影响整个家庭的人力资本积累，进而对家庭未来的生计产生不利的影响，"利用现有财物"这种策略具有相当大的消极性。"借钱"可以使农户跨期用将来潜在的收入满足当前的消费支出，是农户常用的一种风险应对策略。但陈传波等人研究发现，在采用"借钱"风险应对措施的农户中，认为"现在的情况比借钱当时更差"的占了多数。这在一定程度上说明，农户在未来收入不够稳定的情况下通过借贷的方式摆脱困难境地之后，会给他们将来的生计造成较大的负面影响，也说明借钱这种风险应对策略具有一定的消极性。"借钱"这一风险应对策略虽然具有一定的消极性，但其能够保证当前整个家庭生计水平不下降，其消极性要弱于"利用现有财物"这一策略。在欠发达地区，由于缺乏其他生产性资产，劳动力是农户拥有的非常重要的资源，当遭遇风险和冲击时，通过外出务工来获取收入是一种重要的风险应对机制。由于家庭成员外出务工，家庭内消费食物的人口数有所减少，客观上对家庭当前食物短缺问题的解决也起到了很好的促进作用。因此，"外出务工"是一种积极的风险应对策略。

选取生态移民的农户禀赋作为自变量，主要包括生态移民农户的人力资本、社会资本、物质资本、金融资本、自然资本以及社区特征。人力资本体现在劳动者身上，以劳动者的数量和质量来表示的资本，通过借鉴相关研究成果，本研究采用"家庭劳动力的数量""劳动力的平均受教育程度""非农培训""手艺和技术"和"有外出务工经历的人数"来测度人力资本。社会资本从微观社会资本和宏观社会资本两个层面进行测度，微观社会资本方面，用"急需大笔开支可以求助户数"来作为代理变量，测度生态移民的社会网络支持水平；宏观社会资本方面，用"参加专业合作协会"来作为代理变量。物质资本是通过对生态移民所拥有的铲车、挖掘机、三轮车、电视、电脑和冰箱等耐用性生产、交通工具和消费品进行综合评价，用"家庭耐用资产"来作为代理变量。金融资本用家庭"存款"和"现金收入"来测量。

自然资本用"户人均耕地面积"和"户人均林地面积"来测量。社区特征用社区"是否为集中安置"和"到镇上的距离"来测量。

由于对风险应对策略的选择会受到受访者的性别、年龄及其对风险认知水平的影响，所以研究的控制变量主要是受访者的个人特征，包括受访者的"性别""年龄"与"受教育程度"。各变量的取值与说明见表4-1。

表4-1　变量说明与描述性统计

变量类型及名称	变量说明	均值	标准差
因变量			
风险应对策略		1.14	0.67
自变量			
人力资本			
家庭劳动力数量（人）	家庭中除学生以外的16岁以上的人口均视为劳动力，65岁以上的视为0.5个劳动力。	3.31	1.30
劳均受教育程度（年）	家庭劳动力总的受教育年限除以劳动力人数（文盲=0年，小学=5年，初中=8年，高中、技校=11年，大专及以上=14年）	5.92	2.39
非农培训	有=1，无=0	0.27	0.44
手艺和技术	有=1，无=0	0.32	0.47
外出务工经历人数（人）	连续性变量	1.04	0.05
社会资本			
参加专业合作协会	参加=1，没参加=0	0.07	0.26
急需大笔开支可求助户数（户）	连续性变量	4.41	3.87
物质资本			
家庭耐用资产	生产性工具、交通工具和耐用消费品的数量得分，有1个得1分。	3.14	1.70
金融资本			
存款	有=1，无=0	0.22	0.41

变量类型及名称	变量说明	均值	标准差
现金收入（元）	自然对数形式引入模型	9.31	1.70
自然资本			
户人均耕地面积（亩①）	自然对数形式引入模型	1.56	3.63
户人均林地面积（亩）	自然对数形式引入模型	10.13	33.97
社区特征			
集中安置	是=1，否=0	0.77	0.42
到镇上距离	连续性变量	8.71	7.65
控制变量			
性别	受访者性别	0.79	0.41
年龄（岁）	受访者年龄	51.99	14.03
受教育程度（年）	受访者的受教育年限（文盲=0 年，小学=5 年，初中=8 年，高中、技校=11 年，大专及以上=14 年）	5.17	3.18

① 1 亩 ≈ 666.67 平方米。

第三节　模型选择与结果分析

一、模型选择

由于生态移民的风险应对策略选择是一个多项无序型变量，因此采用 Multinomial Logit（MNL）模型来对生态移民的农户禀赋对其风险应对策略的选择影响进行计量经济分析。假设具有特征 X_i 的生态移民农户选择风险应对策略 m 的概率为：

$$p(y_i = m) = e^{X_i \beta_j} / \sum_{m=0}^{m} e^{X_i \beta_j} \tag{4-1}$$

式（4-1）中，i 代表生态移民农户，m 代表生态移民农户 i 在风险应对过程中所选择的策略，X_i 代表表 1 中的各解释变量，β_j 为待估计参数。

本章把生态移民风险应对策略即因变量的取值限定在$[0,2]$，把"利用现有财物""外出务工"和"借钱"分别定义为多项无序型变量 $y=0$，$y=1$ 和 $y=2$，并把 $y=2$ 即"借钱"作为模型的参照水平。

二、生态移民的风险应对策略选择及农户禀赋差异

从生态移民风险应对策略选择的统计结果来看，移民选择"外出务工"和"借钱"的比例较高，分别占 53.37% 和 30.41%；选择"利用现有财物"的比例最低，占 16.22%。这表明，生态移民在应对风险时，首选的是"外出务工"这一具有积极意义的应对策略，其次才是稍具消极性的"借钱"应对策略，最后才是消极性最大的"利用现有财物"应对策略。对调查地选择不同风险应对策略的生态移民资源禀赋特征进行对比分析后得到如下结论。

（1）总体上，选择不同风险应对策略的生态移民在人力资本、社会资本、自然资本和社区特征方面存在着显著差异，在物质资本和金融资本方面并无显著的差异。具体来讲，劳动力数量、手艺和技术、外出务工经历人数、急需大笔开支可求助户数、户人均林地面积和到镇上距离因素存在着显著差异。

（2）从生态移民的各项资源禀赋来看，选择"利用现有财物"的移民家庭劳动力数量最少，户人均林地面积最多，到镇上的距离最近；选择"外出务工"的移民家庭劳动力数量和外出务工经历人数最多，到镇上的距离最远；选择"借钱"的移民外出务工经历人数和户人均林地面积最少。这表明，家庭劳动力的数量和外出务工经历人数对生态移民的风险应对策略选择有着很大的影响，是影响风险应对策略选择的关键性因素。

三、模型分析结果

这里应用最大似然估计法对回归模型中的参数进行估计，运用Stata12.0 统计软件得到各参数的估计值，具体见表4-2，主要有以下分析

结果。

（1）与"借钱"这一策略相比，人力资本中的家庭劳动力数量每增加 1 人，生态移民选择"利用现有财物"这一策略的概率降低 0.45 个对数发生比；外出务工经历人数每增加 1 人，选择"利用现有财物"这一策略的概率提高 0.43 个对数发生比；拥有手艺和技术的家庭选择"利用现有财物"这一策略的概率提高 1.01 个对数发生比。社会资本中的急需大笔开支可求助户数每增加 1 户，生态移民选择"利用现有财物"这一策略的概率降低 0.16 个对数发生比。社区特征中的集中安置家庭选择"利用现有财物"的概率降低 0.90 个对数发生比；到镇上距离每增加 1 千米，选择"利用现有财物"这一策略的概率会提高 0.07 个对数发生比。家庭特征中的受访者年龄每增长 1 岁，选择"利用现有财物"这一策略的概率会提高 0.03 个对数发生比。换言之，家庭劳动力数量越少、急需大笔开支可求助户数越少、外出务工经历人数越多、到镇上距离越远、家庭成员中拥有手艺和技术以及非集中安置的生态移民更可能选择"利用现有财物"这一风险应对策略。

（2）与"借钱"这一策略相比，人力资本中，拥有手艺和技术的家庭选择"外出务工"这一策略的概率提高 1.09 个对数发生比；外出务工经历人数每增加 1 人，选择"外出务工"经历这一策略的概率提升 0.53 个对数发生比。物质资本中家庭耐用资产得分每增加 1 分，选择"外出务工"这一策略的概率降低 0.19 个对数发生比。社会资本中急需大笔开支可求助户数每增加 1 户，选择"外出务工"这一策略的概率降低 0.11 个对数发生比。金融资本中的家庭现金收入每增加一个自然对数单位，选择"外出务工"这一策略的概率降低 0.24 个对数发生比。社区特征中的到镇上的距离每增加 1 千米，选择"外出务工"这一策略的概率降低 0.04 个对数发生比。家庭特征中的受访者年龄每增加 1 岁，选择"外出务工"这一策略的概率降低 0.02 个对数发生比。我们可以发现，家庭中外出务工经历人数越多、家庭耐用资产越少、急需大笔开支可求助户数越少、家庭现金收入越少、到镇上距离越近以及拥有手艺和技术的生态移民更可能选择"外出务工"这一风险应对策略。

（3）人力资本中拥有手艺和技术的回归系数分别是 1.01，1.09，说明拥有手艺和技术的生态移民往往更愿意选择外出务工的策略来应对风险，其次才是利用现有财物。有外出务工经历人数的回归系数分别是 0.43，0.53，说明外出务工经历人数越多的生态移民越倾向于选择外出务工来应对风险，然后才是利用家里现有的财物。

（4）社会资本中急需大笔开支可求助户数对生态移民的风险应对策略的选择具有显著的负向影响，回归系数分别是-0.16，-0.11，即社会资本水平低的家庭更倾向于具有较大消极性的"用现有财物"这一策略。社区特征中的到镇上距离对对生态移民选择风险应对策略具有显著的影响，回归系数分别为 0.07，-0.04，表明距离集镇越近的移民，越倾向于选择外出务工策略来应对风险。

（5）自然资本中的人均耕地面积和人均林地面积对生态移民风险应对策略的选择都没有显著的影响。这主要是因为该区域的耕地坡度大、水土流失严重、土壤质量不高，野生动物对农作物的侵害时有发生，由此带来的农业耕作收益也不大；在林地方面，由于调研地属于南水北调丹江口水库的水源区，承担着水源涵养等重要的生态职能，实施着严格的森林保护政策，移民对林业资源的使用有着较多的约束。

表 4-2　回归参数估计结果

	利用现有财物			外出务工		
	系数	标准误	Wald 值	系数	标准误	Wald 值
人力资本						
家庭劳动力数量	-0.45**	0.20	5.19	0.04*	0.13	0.01
劳均受教育年限	-0.01	0.12	0.01	0.09	0.09	1.14
非农培训	0.78	0.53	2.13	0.19	0.41	0.20
手艺和技术	1.01**	0.51	4.41	1.09***	0.39	7.56
外出务工经历人数	0.43*	0.26	3.31	0.53***	0.19	7.72
物质资本						
家庭耐用资产	-0.01	0.14	0.01	-0.19*	0.10	3.34
社会资本						

	利用现有财物			外出务工		
	系数	标准误	Wald 值	系数	标准误	Wald 值
参加专业合作协会	-0.17	0.74	0.05	-0.91	0.62	2.16
急需大笔开支 可求助户数	-0.16***	0.06	3.01	-0.11**	0.04	3.05
金融资本						
存款	0.63	0.49	1.63	-0.21	0.39	0.30
家庭现金收入	-0.18	0.13	1.76	-0.24*	0.11	5.19
自然资本						
户人均耕地面积	0.10	0.47	0.04	0.12	0.35	0.12
户人均林地面积	0.14	0.16	0.68	0.16	0.13	1.66
社区特征						
集中安置	-0.90*	0.49	3.38	-0.40	0.39	1.04
到镇上距离	0.07**	0.03	4.00	-0.04*	0.02	2.62
控制变量						
性别	0.07	0.50	0.02	0.19	0.38	0.26
年龄	0.03*	0.02	3.38	-0.02*	0.01	2.95
受教育程度	0.10	0.10	0.94	-0.09	0.07	1.63
常数项	-0.99	1.65	0.36	2.56*	1.23	4.32
Log likelihood			-248.73			
Pseudo R^2			0.2415			
观察数			408			

注：***、**、*分别表示在 1%、5%和10%上的显著性水平。

第四节　结论与政策建议

本章利用在陕西省安康市所开展的移民搬迁和农户生计专项入户调查数据，基于农户禀赋的视角，运用 Multinomial Logit（MNL）模

型对生态移民的风险应对策略的影响因素进行了实证分析。结果表明:

第一,人力资本、社会资本是影响生态移民风险应对策略选择的最显著的因素,物质资本和社会资本次之,自然资本是最不显著的影响因素。具体到各禀赋指标,生态移民家庭的劳动力数量、拥有手艺和技术、外出务工经历的人数、家庭耐用资产、急需大笔开支可求助户数、家庭现金收入以及所处社区是否为集中安置区、到镇上的距离等因素对生态移民风险应对策略有着显著的影响。

第二,生态移民的集中安置会降低移民面临风险时采用具有消极性的应对策略,这可能得益于集中安置更有利于移民的生产生活适应,移民可以比较容易地与周围人和集体组织进行互动交往,从而使移民拥有更多的可供利用的资源,包括物质设施和公共服务等资源。

第三,生态移民距离集镇中心距离越近也会降低其采用相对具有消极性的应对策略的可能性,说明安置地离当地经济中心越近会给移民带来更多的应对风险的信息、机会和手段。

第四,对处于国家重要生态功能保护区的生态移民来讲,出于水土保持、生物多样性保护和水源涵养等生态保护目的,自然资本不再是其风险应对策略选择的显著影响因素。

针对本章的分析结果,有以下建议:

第一,加强对生态移民的培训,使更多的移民拥有手艺和技术,提升应对风险的能力,在遇到风险时促使其选择积极的应对策略,不至于去选择相对消极的应对策略。

第二,在移民安置方式上宜采用集中方式,安置点的选择应在距离当地经济中心比较近的地方,以利于移民的生产生活适应和对公共资源的利用。

第三,政府应积极创造条件,增加新的就业机会,促使移民实现从农业生产向非农业生产的转变,帮助移民在做好生态保护的同时积极应对生产和生活中的各种风险。

第五章
人力资本、社会资本对生态移民社会适应的影响

生态移民搬迁之后，面临着一个复杂的社会适应过程，适应搬迁之后安置地的生活，是生态移民可持续生计的关键。因此，本章主要对生态移民社会适应的影响因素进行研究，鉴于有形的生计资本（自然资本、物质资本和金融资本）在移民社会适应中的作用已经得到比较多的重视，本章主要针对无形的生计资本（人力资本、社会资本）来探讨生态移民的社会适应问题，探讨这两种无形生计资本究竟哪一个更为重要。

第一节　研究背景与问题提出

基于保护生态和促进农户发展等不同目的，生态移民工程项目蓬勃开展，与此相伴的是大量的农户搬离祖辈生活的故土。这些农户的搬迁安置不只是简单的人口迁移，而是一种政治、经济以及社会系统剧烈变迁的过程，使移民原来所熟悉的生产生活方式被改变，原有的社会组织结构和社会网络在一定程度上解体，进而导致某些移民的生计陷入困境。世界银行的研究也表明：迁移可能会对移民产生一系列的影响。其中包括：人们被安置到一个新的资源竞争更加激烈的环境中，原来熟练的生产技能不能得到充分发挥，原有的生产体系被严重破坏，丧失了生产性的收入来源；家族群体被分散，乡村原有的社会关系网和社会组织结构被削弱，文化特征、传统势力及潜在的互相帮助作用被减弱，等等。移民在离开原住地进入陌生的安置地之后，在政治、经济、社会、文化和环境等方面面临着一个系统的重新适应的

社会过程。从当前有关的研究来看，由于移民搬迁之后长期不能适应安置地的生产生活，出现了移民返迁或生计长期陷入贫困的现象。解决移民搬迁后的适应问题是移民工程成功的关键，移民搬迁后的生存状况就是看其社会适应性，解决移民返迁和生计贫困的关键也都在于移民的社会适应性。因此，深入分析和探讨移民社会适应的影响因素，对发现移民社会适应问题的一般性和特殊性，进而寻求有效的措施来促进移民的社会适应，具有重要的理论和现实意义。

围绕移民社会适应问题，学术界已经展开了一些研究。在这些研究中，人力资本和社会资本这两个变量都得到了重点关注。缺乏人力资本，将会导致移民不能适应安置地的生产环境和生产方式。作为适应过程中的主体，移民自身的知识、经验和能力等影响着他们对安置地所遇到的困难和压力的感受，直接影响他们的社会适应过程。Chiswick 和 Miller（2002），Remennick（2004）研究发现，家庭成员越年轻、受过教育的程度越高、家庭成员有过当地的工作经历以及懂得当地方言的移民户在经济上更容易适应安置地的生产生活。张娟（2007）在研究三江源藏族生态移民的适应问题时发现，搬迁前牧民主要以放牧为生，劳动技能单一，绝大多数的人从未从事过其他类型的生产经营活动，而搬迁后由于不具备放牧条件，牧民只能进行生计转型从事第二、三产业，对于没有任何从事第二、三产业劳动技能和经验积累的牧民来说，生计的急剧转型让移民彷徨失措。牧民群体的受教育程度不高导致其汉语水平基础差，日常的沟通交流困难。因为汉语水平比较差，搬迁的牧民无法有效参加当地政府开展的各种生产技能培训活动，使政府根据培训工作开展的产业扶持措施效用不大。移民在生计转型的过程中不能较快掌握新的劳动技能，也就意味着在短期内不能有效从事需要这种技能的工作岗位，限制了移民的生计转型，阻碍了移民的生产适应。语言不通也导致移民群体和安置地其他群体之间缺乏相互认同，彼此之间都保持着一定的距离，语言环境的不适应已成为影响移民社会适应水平的主要因素之一。冯雪红等（2013）研究了宁夏回族生态移民的文化适应影响因素，发现处在新的文化环境中的移民因为脱离了原来所熟悉的文化情景，产生了较大的无助感和失落感；被新的文化环境中的人冷漠对待，在安置地新的社会关系网络中无法给予自己恰当的重新定位而产生较大的失败感和挫折感。其研究进一步发现，回族移民基于其传统的族缘关系以及因此而产生的归属感、亲近感成为搬迁初期回族移民保持正常心理状态的重要支撑，这种来自于民族同胞的社会支持对移民的心理适应发挥了重要的作用。以血缘和地缘为基础的初级社会网络的破坏是造成移民困难和压力的主要因素。在移民群体中，家族网络和朋友网络的运用与其劳动参与率为正相关关系，而且拥有更大社会网络的移民更容易找到回报率更高的生计活动。

尽管现有研究已认识到提升搬迁移民的社会适应水平对于移民搬迁工程的重要性，也分析了影响搬迁移民社会适应性的多种因素，但是系统地对人力资本和社会资本在移民社会适应中的作用进行研究的还比较少。事实上，搬迁移民社会适应水平取决于其搬迁后在安置地获得生存和发展的各种资源和机会，而这在很大程度上取决于移民所拥有的人力资本和社会资本的水平。因此，本书研究的目的就是系统地探讨人力资本和社会资本在移民社会适应中的作用特征，利用一手调查数据讨论在移民社会适应中人力资本和社会资本何者更为重要，据此可以使我们明确在促进移民社会适应方面如何引导移民进行合理的人力资本和社会资本投资，从而降低移民搬迁后不适应而引致的返迁或陷入生计贫困的风险。

第二节　人力资本、社会资本与搬迁移民的社会适应：理论分析

移民的社会适应性不仅意味着地理位置迁移后他们对新空间的适应，更意味着其行为方式、思维习惯等方面的相应转变和心理感受上的认同。搬迁移民的行为方式与思维习惯逐渐适应了安置地的新环境，并且能够在心理上认同自己身份的变化，才能真正适应搬迁后的生产

生活。移民在离开世代居住的村落迁入安置地之后，能否适应在安置地这一新的环境中的生产和生活，取决于其融入安置地的行动能力。搬迁移民融入安置地的行动能力与其所拥有的人力资本和社会资本有关。按照一般的逻辑，在相同的外界条件下，移民所拥有的人力资本和社会资本的数量和质量的差异会相应地导致其在安置地适应程度的差异。

人力资本是体现在劳动者身上的一种资本的类型，用劳动者的知识水平、技术水平以及工作能力等来表示，是这些方面价值的总和，包括年龄、受教育程度、健康状况、技能培训、工作经历和最远足迹等。一般来讲，对农户人力资本水平的度量可以从人力资本的数量和质量两个方面进行，前者取决于农户家庭劳动力的数量等，后者取决于农户家庭劳动力的受教育程度、通过各种途径所习得的技能以及在相应生产劳动中所累积的经验等。人力资本能够影响搬迁移民在安置地利用各种生计资源的能力和生计的稳定性。Chiswick（1978）、Borjas（1987）的研究表明，受教育程度、工作经验、专业技能培训和其他劳动技能等人力资本因素对移民在经济上能否成功有着至关重要的作用。人力资本不但影响移民经济上的适应，也影响移民的心理适应、生活适应和环境适应。人力资本对于搬迁之后在安置地处于弱势地位的移民在生计等方面存在的不确定心理、迷茫心理、危机心理、压抑心理和自卑心理等有着重要的影响，如果人力资本水平高，就会因为能够较好地掌握未来的生计而消除不良的心理状态。人力资本质量高也可以使移民在生活方式等方面迅速有效地向当地居民靠拢，学习和模仿当地居民的生活方式。前述研究表明，人力资本水平越高，移民的适应程度越高。

社会资本是一种嵌入在个体行动者社会网络中的资源，能够有效地帮助行动者获得更多更好的外部资源。同一个拥有较低水平的社会资本的人相比，拥有较高水平的社会资本的人往往更容易获得经济及其他方面的好处和成功。按照一般的逻辑，移民的社会关系越多，社会网络规模越大，可供其利用的社会资本量也就越大，个人能够获得的社会回报也就越多。大量的研究也表明，社会资本有助于个人更好地获取社会资源、就业信息以及知识和社会支持，从而使其获得更高的社会经济地位。在传统的中国乡村社会，人们之间的社会关系纽带呈现出强连带的特征，与亲戚、朋友和邻里的交往是农民在农村最重要的社会交往关系。搬迁移民进入安置地后，如果能够利用所拥有的微观社会资本从当地获得有助于其生存和发展的更多更有价值的信息，获得包括生计转型指导、资金支持和社会救济救助等在内的实质性的帮助，那么移民就能更好地融入安置地的环境，在心理和行为上适应安置地的生产生活。但由于移民原有的社会网络遭到破坏，社会网络质量下降，在安置地的朋友又多数是和他们一样的搬迁移民。这样所形成的社会网络同质性极强，有排斥当地居民的倾向，新的社会网络质量较低，移民在口头和心理上以"外来人"身份自称，缺乏社区归属感，所以移民所拥有的微观社会资本对移民在经济、环境和心理等方面适应的影响作用较弱。另外，在政府和其他行政组织掌控各种经济社会资源程度较高的条件下，弱势的移民从政府或其他行政组织那里获得在安置地生存和发展所需的各种社会资源，得到政府及村集体及时有效的帮助，对提升他们在安置地的生产生活适应水平有着极其重要的作用。移民通过加入一些社区组织和参与集体事务，促使政府及其他行政组织资源分配的最终决策和帮扶措施能够有利于自身的生计发展和环境适应。因此，移民在安置地获得必要的社会保障、融资渠道以及政府帮扶，对提升其搬迁后的社会适应水平意义重大。

第三节　变量与方法

一、变量及其说明

社会适应一词最早由 Herbert Spencer（1851）提出，是指个体的观念、行为方式等随着社会环境的变化而改变，从而适应所处社会环境的过程。Scott（1985）认为，适应是人与环境之间相互作用的过程，并把适应分为社会方面的适应和主观方面的适应。社会方面的适应是指个体通过自身的努力获得某一社区中的地位，主观方面的适应是指个体对所处环境的满意。Ward 和 Kennedy（1993）则把适应看作是跨文化的产物，认为有"社会文化调整"和"心理调整"两种最基本的跨文化调整模式。前者与社会技能相关，指成功应对新的社会环境的能力，后者指心理上的满意和舒适。风笑天（2004）将移民的社会适应界定为：移民对安置地新社区中生产生活等各方面的习惯状况和满意程度，并且将移民的社会适应从生活适应、经济适应、心理适应和环境适应等多个维度进行分析；张海波和童星（2006）把社会适应分为经济适应、心理认同和社会交往三个方面；解彩霞（2009）则把移民的社会适应操作化为生产适应、日常生活适应、环境和生理适应、心理适应以及人际和风俗习惯适应五个方面。综合上述分析，本书将因变量设定为移民对安置地生产生活等方面的总体习惯状况和满意程度，这一变量可以从总体上体现移民社会适应的程度，包含着移民对搬迁后各方面的适应状况，使用"本家庭搬迁后情况的总体满意度"作为社会适应的代理变量。

自变量主要包括人力资本和社会资本两大类。根据 Theodore Schultz（1961）表述的观点，人力资本是体现在劳动者身上，通过劳动者的数量和质量来表示的资本，包括教育、培训、健康和迁移等。目前，关于人力资本的度量已经比较成熟，借鉴相关的研究成果，本书采用家庭劳动力数量、劳动力平均年龄、劳均受教育程度、拥有的手艺和技术、劳动力健康状况、有外出务工经历的人数和最远足迹来度量人力资本。借鉴社会资本度量的相关研究成果，从微观社会资本和宏观社会资本两个层面来对社会资本进行度量。微观社会资本方面，用"急需大笔开支时可求助的户数"和"通信费用"来测度社会网络的规模，用"人情费用开支"来测量家庭之间的互惠；社会网络的异质性程度更能体现社会资本的质量，用"亲戚中有无村干部及国家公务员"来测量网络的异质性。宏观社会资本方面，结合移民搬迁后的实际情况，从"参加专业合作协会"和"集体事务参与程度"两个方面来测度。

参考已有文献，本书控制了其他可能影响移民社会适应的变量，包括移民搬迁户的家庭资产特征和所处的社区特征。家庭资产特征主要包括移民户可以使用的耕地面积、林地面积以及生产性资产和交通工具；社区特征主要通过"移民户与乡镇之间的距离"来测量。各变量的取值与说明见表 5-1。

表 5-1　变量说明与描述统计

变量类型及名称	取值与含义	均值	标准差
因变量			
社会适应	通过对移民搬迁后的综合评价进行赋分，非常满意=5分，满意=4分，无所谓=3分，不满意=2分，非常不满意=1分。	3.86	0.03
自变量			
人力资本			
劳动力数量	家庭中除学生以外的 18 岁以上的人口均视为劳动力，65 岁以上的视为 0.5 个劳动力	3.27	0.07
劳动力平均年龄（岁）	—	50.10	1.00
劳均受教育程度（年）	家庭劳动力总的受教育年限除以劳动力人数（文盲=0年，小学=5年，初中=8年，高中、技校=11年，大专及以上=14年）	6.31	0.12
手艺和技术	有=1，无=0	0.29	0.02
培训	有=1，无=0	0.31	0.02
劳动力平均健康状况	好=1.00，一般=0.50，不好=0.00	0.87	0.01
家庭中有外出务工经历人数（人）		0.97	0.05
最远足迹	到过外县=1，只到过本县=0	0.46	0.02
社会资本			

变量类型及名称	取值与含义	均值	标准差
人情费用开支（元）	—	3166.49	219.28
亲戚中有无村干部及国家公务员	有=1，没有=0	0.25	0.02
急需大笔开支求助户数（户）	—	4.46	0.19
通信费用（元）	—	144.38	6.68
参加专业合作协会	参加=1，没参加=0	0.07	0.01
集体事务参与程度	低=0，一般=1，高=2	0.96	0.04
控制变量			
家庭资产			
人均耕地面积（亩）	—	1.20	0.16
人均林地面积（亩）	—	8.37	1.44
生产、交通工具得分	通过对移民家里的生产、交通工具赋值得到的，机动三轮、摩托车、汽车、拖拉机、铲车、挖掘机、水泵生产交通工具有一个得1分，最后加总。	3.22	0.09
社区特征			
到镇上距离（公里）	—	8.48	0.35

二、研究方法

本章主要考察人力资本和社会资本对生态移民社会适应的影响，拟建立一个以人力资本和社会资本为自变量，以生态移民搬迁后社会适应水平为因变量的多元线性回归模型。首先，利用多元线性回归模型，以全体移民为研究对象，研究人力资本和社会资本对移民搬迁后社会适应的影响，分析人力资本和社会资本的作用。其次，根据移民搬迁后的社会适应规律，搬迁后的前3年时间主要是移民对自身身份认同和生产适应阶段，搬迁3年以后移民就逐步进入一个相对稳定的生计恢复和较高社会适应水平的阶段。所以我们以3年为界限，将移民户按照搬迁安置时间分为两类：3年及3年以下的搬迁移民户和3

年以上的搬迁移民户。运用多元线性回归模型分别以这两种类型的移民为研究对象，分析不同搬迁年限移民的人力资本和社会资本对其社会适应的影响特征。

由于人均耕地面积、人均林地面积、生产交通工具拥有状况所形成的家庭资产特征和移民家庭居住地到镇上距离的社区特征因素均会对移民社会适应产生重要的影响，所以将这些因素作为控制变量纳入分析模型。

第四节　计量分析结果

一、全体移民的社会适应方面，人力资本更为重要

在表 5-2 关于全体移民社会适应的回归模型一中，劳动力平均年龄、家庭成员所拥有的手艺和技术、培训、劳动力平均健康状况、最远足迹等 5 个人力资本指标的系数均通过显著性检验。这说明，人力资本对移民社会适应的影响很大。比较来看，最远足迹的回归系数最大，说明这一因素对移民社会适应的影响力最大，表明到过本县以外地方的移民家庭成员在外出的过程中经历或习得了异质的生产和生活场景，对变化了的生产生活环境具有更高的心理认知和适应水平，也更易于采取多样新型的生计模式来应对新的生活环境。劳动力的平均年龄对搬迁后的适应呈现正的影响，这主要是由于随着年龄的增长，对新环境的认知水平和接受能力等综合素质都在不断提升。家庭成员所拥有的手艺技术和培训这两个人力资本因素对移民搬迁后的适应也具有较大的作用，尤其是培训这一因素，对移民影响更大，表明移民家庭成员原先所拥有的诸如厨艺、编织、木工、泥瓦工等手艺和技术，尤其是在搬迁后进行的专门培训大大提升了移民进行生计转型适应新的经济环境的水平。与以往研究结果不同的是，劳动力健康状况与新环境的适应水平呈负相关，这极可能是由于移民原居地陕南山区的生产生活环境恶劣，健康状况较差的移民已经极度不适应，而健康状况

更好的移民对这种恶劣的生产生活条件还有较好的适应性，所以健康状况较差的移民搬迁后对安置地的环境适应状况评价就要高于健康状况好的移民。

与人力资本相比，衡量社会资本的变量中仅有参加专业合作协会和集体事务参与程度两个指标对移民社会适应水平有显著影响，并且从回归系数来看，除了劳动力的健康状况之外，人力资本的各指标的影响均比社会资本两个指标的影响大，说明移民能够适应安置地的新生产生活环境，更多的是因为移民自身所具有的能力而非社会资本的作用。

二、不同搬迁时段生态移民的社会适应方面

那么是不是所有的移民搬迁后社会适应的影响因素中都是人力资本更重要呢？为回答这一问题，我们将研究对象分为 3 年及 3 年以下的搬迁移民户和 3 年以上的搬迁移民户两种类型，从不同搬迁时段这一角度进行研究。

（一）在 3 年及 3 年以下移民的社会适应方面，社会资本更为重要

从表 5-2 模型二中关于 3 年及以下移民社会适应的回归结果可以发现，衡量人力资本的各变量均不显著，说明人力资本因素对 3 年及 3 年以下移民群体的社会适应不能形成有效的影响，这可能主要是因为搬迁初期，移民原来所拥有的劳动技能、过去的经验等在面对新的生产环境和新的生活方式时产生了"人力资本失灵"的现象。社会资本指标中的"参加专业合作协会"与"集体事务参与程度高"系数均显著为正，说明社会资本中的宏观社会资本对提升 3 年及 3 年以下移民群体社会适应水平的作用明显。移民通过参加有组织的活动，增强了移民对安置地环境的认知、理解与认同，获得了在安置地发展经济、生计转型的信息与知识，形成了较好的社会支持，提升了移民的社会适应性。微观的社会资本对移民的社会适应均没有显著的影响，之所以不能够有效发挥作用，主要是因为移民搬迁的过程中，原有的社会

网络断裂，社会支持系统瓦解，微观社会资本质量下降，在安置区新的异质性社会网络尚未成功构建。从回归系数来看，"集体事务参与程度高"这一指标的作用大于"参加专业合作协会"。相对于人力资本的作用效果来看，社会资本对提升 3 年及 3 年以下移民群体社会适应水平发挥了更为重要的作用。

表 5-2　人力资本和社会资本对移民社会适应的影响（标准回归系数）

	模型一 （全体移民）	模型二 （3 年及以下移民）	模型三 （3 年以上移民）
人力资本			
劳动力数量	0.08	−0.01	0.08
劳动力平均年龄	0.15***	0.07	0.13*
劳均受教育程度	0.00	0.06	0.05
手艺和技术	0.14**	−0.07	0.17
培训	0.14***	0.06	0.13**
劳动力平均健康状况	−0.09*	−0.03	−0.13*
家庭中有外出务工经历人数	0.02	0.09	−0.01
最远足迹	0.24***	0.13	0.30***
社会资本			
人情费用开支	0.06	0.15	0.01
亲戚中有无村干部及国家公务员	−0.01	0.04	0.04
急需大笔开支求助户数	−0.01	−0.06	−0.04
通信费用	−0.04	−0.08	−0.01
参加专业合作协会	0.12**	0.16*	0.03
集体事务参与程度一般	0.04	0.15	0.06
集体事务参与程度高	0.12**	0.22**	0.09
家庭资产			
人均耕地面积	0.08	−0.01	0.19***
人均林地面积	0.00	0.00	0.02

	模型一 （全体移民）	模型二 （3年及以下移民）	模型三 （3年以上移民）
生产、交通工具得分	-0.02	0.12	-0.01
社区特征			
到镇上距离	-0.01	-0.06	-0.17**
样本容量	408	168	240
F 值	3.79	3.91	3.53
R-square	0.157	0.125	0.234
Adj-squared	0.115	0.092	0.168

注：***、**和*分别表示在 1%、5%和 10%水平上的显著性。

（二）3年以上移民的社会适应方面，人力资本更为重要

在表 5-2 关于 3 年以上移民社会适应的回归模型三中，劳动力平均年龄、培训、劳动力平均健康状况和最远足迹等 4 个人力资本指标的系数均通过显著性检验。与模型一一致的是，最远足迹这一因素对移民社会适应的影响力仍然是最大的。但是衡量社会资本的各变量对移民社会适应的影响均不显著。这说明搬迁时间 3 年以上的移民社会适应水平更多地受到人力资本的影响。

控制变量方面，从三个模型的回归结果来看，家庭资产中的"人均耕地面积"和社区特征的"到镇上的距离"两个指标对 3 年以上移民社会适应水平有显著的影响；控制变量各指标对全体移民和 3 年及 3年以下移民的社会适应均没有显著的影响。

第五节　结论与政策建议

本章利用在陕西省安康市的抽样调查数据，研究了在生态移民社会适应中人力资本和社会资本何者更为重要的问题。研究结果显示：

第一，对于全体移民而言，与社会资本相比，人力资本在移民社会适应中发挥着更为重要的作用。

第二，随着搬迁时间的延长，影响移民社会适应的因素也在发生着变化。与人力资本相比，社会资本对 3 年及 3 年以下移民的社会适应水平发挥着更为重要的作用，并且主要是社会资本中的宏观社会资本在发挥作用；与社会资本相比，人力资本对 3 年以上移民社会适应水平发挥着更为重要的作用。

上述结论的政策含义也是十分明显的：

第一，针对刚刚搬迁的移民，政府应当积极创造条件，面向移民积极开展农业生产技能培训和非农经营、外出务工等非农技能培训，通过培训这一途径和手段，让移民获得适应新的生产生活环境所需的技能，使移民拥有在新的环境中获取资源和机会的能力，重新激活移民所积累的人力资本，恢复其功能。

第二，对于所有移民来说，政府和当地公共组织要通过多种交流活动，加强移民之间、移民与当地农户之间的沟通、交流和信任，改善移民的微观社会资本，重构移民的社会网络，以帮助移民顺利融入当地社会。

第六章
生计资本对生态移民生计策略的影响

前面分析了生态移民搬迁工程的实施对农户生计资本的影响,安置方式对搬迁农户生计资本的影响,进而分析了生计资本对移民风险应对策略选择的影响、人力资本和社会资本对生态移民社会适应的影响。在移民搬迁后生计恢复的过程中,最重要的环节是生计策略的选择。本章首先对比分析了搬迁户与非搬迁户、集中安置户与非集中安置户参加的生计活动及相应生计活动收入的差异,然后运用 Logistic 和 Heckman 的方法回归分析并讨论搬迁工程的实施对生计策略的影响,安置方式对生计策略的影响。

第一节　生计资本对生计策略影响的理论分析

在搬迁之后生计恢复的背景下,冲击生计资本和生计恢复策略是息息相关的。在可持续生计分析中,生计资本处于核心地位,是生计策略选择和抵御风险的基础。参照可持续生计框架,我们区分了五种类型的生计资本:人力资本、物质资本、社会资本、金融资本和自然资本。生计策略是家庭依靠生计资本要素选择参与不同的生计活动,通过创造生存所需的物质资料和精神资料实现可持续生计。生计策略由一系列生计活动组成,通过多样化的生计活动来实现。在不同的生计资本状况下,各种生计活动相互结合、相互促进以实现生计策略。生计资本决定着农户生计类型,无论对农户从事农业为主的生计、非农为主的生计还是多样化的生计都具有决定性的作用。个人或家庭所拥有的有形资产和无形资产是实现不同生计策略所应具备的条件。农户生计策略不是自由的，而是受经济、社会和资产的约束，金融资产、自然资产、物质资产、人力资产和社会资产的获得均受到制度和社会关系的调节。已有研究证明，自然资本、物质资本和社会资本较多的家庭往往从事农业为主型生计，而人力资本和金融资本较多的农户更倾向于选择非农为主型生计。因此，经济、社会和资产的约束决定了个人和家庭获得收入的活动。农户作为农村最主要的经济活动主体与最基本的决策单位，其拥有的生计资本不仅影响生计活动，更影响生计策略。

越来越多的研究表明，农户是其复杂生计资产组合的战略管理者。安德森（Anderson）在农户应对灾害能力的研究中肯定了农户进行生计资产组合的决定作用，发现农户根据灾害情景通过调整组合自己所拥有的各种生计资产，有效提升了农户应对灾害的能力。生态搬迁的过程必然会导致移民的生计资本发生结构性的变化。移民能够在搬迁之后依然运用恰当的生计手段来维持生计，一个重要的原因就是通过运用他们的生计资产的替代和重新组合来应对由于搬迁带来的社会经济环境的变化而产生的压力和冲击。生计资产替代是指现有生计活动和可以利用的资源被其他形式的资产替代（确保农户食物安全和增加收入的能力）。资产替代一般情况下能够改善人们的生计，生计资本的结构重组在冲击或压力下的生计重建或恢复过程中发挥着关键的作用。一些学者也证明，现有的生计资产能被其他形式的资产所替代，农户能够依赖其他形式的资产去进行他们的生计恢复与适应策略获得可持续生计，这也部分支持了生计资产的变化不是必然地恶化生计结果的思想。农户摆脱贫困、不至于陷入贫困的能力依赖于他们搬迁安置前和安置后的生计资产的组合，他们的应对策略依赖于他们的资产，并且这些策略也会让他们出现不同的生计后果。有研究表明，生态搬迁之后农户接近市场和服务并不总是能够获得更大的经济机会，或者提升农户摆脱贫困的能力。一些研究也证明，移民安置降低了农户的生活标准并加剧了农村的贫困。所以，生计资产替代与重新组合能否保证农户可持续生计，在很大程度上取决于农户是否有一个更宽的生计策略选择的范围，尤其是在他们的农业家庭之外，面对替代职业时会由于他们缺乏专门的知识和技能而不具有可行能力。

多样化生计对于农民特别是发展中国家的农民具有重要的意义，虽然研究中对这种意义的具体形式仍然存在争论。多样化生计策略既可能是农户基于一定经济条件的主动选择，也可能是对于脆弱性环境的被动适应。关于多样化生计的作用仍然存在争论，如它是否有利于提高农户收入的稳定性，是否扩大了农村的贫富差距或降低了农户的风险，以及是否加强了农户应对压力和冲击的能力。但作为一种能力，农户从事多样化活动本身也是可持续生计的重要元素之一。构建农户的生计多样化能力，对于提升生计安全，增加农户收入等有着积极作用。

农户的收入来源主要包括农业和非农生产经营两大类。非农活动是生计多样化的重要组成部分，从事非农活动意味着非专业农户资本被用到与农业无关的非农生产活动，这也代表着农户较高层次的生计形式。在中国西部地区的生态移民安置地区，土地相对不足，劳动力过剩，非农活动既是农户的重要收入来源，也是其规避风险的一个重要手段。生态移民家庭在自然资本不足的状态下，其剩余劳动力有两条主要出路，外出务工（迁移性质的劳动供给活动）和开展本地非农活动，它们都在生态移民的生计发展中发挥了重要的作用。非农生计方式促进了生态移民的生计可持续发展。大量的实证研究关注着资本对农户多样性行为的作用，如资本匮乏对农户的农业多样性能力的限制。资本匮乏限制和约束了农户参与高增长、高回报的非农活动，其生产多样性行为受到资本匮乏的限制，这也意味着他们被排除在市场之外，不能获得其他经济主体拥有的发展机会。缺乏教育和培训常常限制了农户在高获利的非农就业，限制了人力资本较低的农户成员在城市就业中寻找机会；而金融资本缺乏限制了农户对高回报商业机会的把握，受限于金融市场的不完善与自有资金的贫乏，只有少部分农户从事本地非农经营活动；技术门槛使风险规避的农户不敢尝试新兴的非农活动。这些农户能够从事非农活动的"能力变量"就包含了各种资本。技术和金融门槛并不能阻止那些较为"富裕"的农户从非农活动中获取较好的回报。个体或者农户的储蓄、信用可及性及其他资本状况也显著影响生计活动的选择。

总体而言，基于资本禀赋的生计策略反映了农户与其环境之间的结合，资本禀赋本身决定了农户的生计策略，包括对信用市场和劳动力市场的利用等，因为资本禀赋在农户层面的差异，直接导致了农户生计类型的差异。不同资本状态的生态移民会选择不同的生计恢复策略，并且随着其生计资本的结构和水平的变化，生计类型之间会发生相应的转化，如从农业为主型向非农为主型或者生计多样型转化。向生计多样型转化被认为是一种积极有效的应对风险和冲击的策略，但是向非农为主型转化是否一定能够增强农户的可持续发展能力，有不同的结论。农户安置以后从农业生产经营活动向非农生产经营活动转换（作为他们收入的主要来源），并不一定意味着这些农户现在比安置以前更富裕。如农户必须花费他们收入的大部分去购买粮食，那么农户富有成效的资产替代能力将会被限制，并且农户的粮食安全问题也得不到保证。

第二节　生态移民工程对农户生计活动的影响

一、搬迁户与非搬迁户生计活动及收入状况

本章把农户的生计活动分为农林活动、养殖活动、非农自营活动、外出务工行为四种。因为样本地很多农户在林地里会穿插着种植部分粮食作物，所以农林活动在这里包括从事农（粮食）作物的生产和林（经济）作物的生产。养殖活动指会带来经济收入的养殖活动，不包括宠物和用于自己消费的家畜。非农自营活动包括经营农家乐、商店、交通运输等。务工行为包括本地和外地务工。农户是否参加某种生计活动，分别用 1，0 表示（1=有此种活动）。

表 6-1 提供了农户生计活动分布的描述性统计信息。可以看出，由于自然资本是农户拥有的主要资本，所以农林活动在各种生计活动中所占的比例最大，非搬迁户（0.66）的养殖活动显著大于搬迁户（0.58）。

表 6-1　农户参与生计活动分布

自变量	总体		非搬迁户		搬迁户		t 检 验	非集中安置户		集中安置户		t 检 验
	均值	标准差	均值	标准差	均值	标准差		均值	标准差	均值	标准差	
农林活动	0.90	0.31	0.90	0.30	0.88	0.33	ns	0.92	0.27	0.85	0.36	*
养殖活动	0.64	0.48	0.66	0.47	0.58	0.49	**	0.65	0.48	0.55	0.50	*
非农自营活动	0.11	0.31	0.10	0.31	0.12	0.32	ns	0.12	0.32	0.12	0.32	ns
外出务工	0.57	0.50	0.55	0.50	0.64	0.48	**	0.55	0.50	0.69	0.46	**
样本量	1404		996		408			152		256		

注：***，$p<0.001$；**，$p<0.01$；*，$p<0.05$；+，$p<0.1$；ns，不显著。

表 6-2　农户参与生计活动收入分布

自变量	总体		非搬迁户		搬迁户		t 检 验	非集中安置户		集中安置户		t 检 验
	均值	标准差	均值	标准差	均值	标准差		均值	标准差	均值	标准差	
农林收入	2978	12 129	2885	11 601	3206	13 342	ns	2147	6642	1002	16 029	ns
养殖收入	979	3039	906	3017	1156	3086	ns	1904	4242	712	2004	***
非农自营收入	3223	16 407	3005	16 485	3756	16 222	ns	3993	19 176	3615	14 221	ns
外出务工收入	4644	8567	4094	7912	5987	9872	***	4251	8739	7018	10 366	***
政府补贴	2353	4472	1229	1290	5099	7363	***	2796	5261	6466	8068	***
其他收入	1342	4307	927	2725	2356	6659	***	2250	5131	2419	7427	ns
总收入	15 472	24 542	13 129	22 975	21 189	27 297	***	17 398	25 507	23 446	27 956	**
样本量	1404		996		408			152		256		

注：***，$p<0.001$；**，$p<0.01$；*，$p<0.05$；+，$p<0.1$；ns，不显著。

而搬迁户（0.64）的外出务工行为大于非搬迁户（0.55），且差异显著。在农林活动方面，非搬迁户（0.90）大于搬迁户（0.88），非农自营活动方面，搬迁户（0.12）则大于非搬迁户（0.10），但在统计上不显著。集中安置户和非集中安置户在农林活动、养殖活动、外出务工行为方面，都有显著的差异，非集中安置户农林活动、养殖活动都高于集中安置户，外出务工行为则显著的低于集中安置户。这些都与前面农户的资本拥有情况相对应。

表 6-2 描述了农户不同生计活动收入的分布情况，在这里，农林收入、养殖收入、非农经营收入及总收入各项收入都是指调查前 12 个月的家庭现金纯收入，实物收入不计算在内。可以看出，搬迁户的总收入显著高于非搬迁户，集中安置户的总收入显著高于非集中安置户；在各种收入中，外出务工的收入占的比例最大，而且搬迁户显著高于非搬迁户，集中安置户显著高于非集中安置户；养殖收入所占比例最低，搬迁户高于非搬迁户，但在统计上不显著，非集中安置户则显著高于集中安置户；政府补贴在搬迁户的收入中所占的比重比较大，集中安置户显著高于非集中安置户；其他收入差异都不显著。

综合表 6-1 和表 6-2 可以看出，虽然农林活动在生计活动中所占的比例最大，但收入不高，外出务工收入反而在家庭收入中所占的比例较大，一方面是因为当地的自然环境造成的产出效率不高；另一方面是因为劳动力外出务工，农作物无人照料。另外，在搬迁工程实施过程中，政府对搬迁户的资金补助使政府补助在搬迁户的收入中所占的比例比较大，集中安置户补贴更高是由不同安置方式的不同补助标准引起的。

二、移民搬迁对生计活动的影响分析

在讨论搬迁工程对农户生计活动的影响时，首先以搬迁户和非搬迁户总体作为研究对象，选取是否搬迁作为自变量，看搬迁工程对农户的生计活动影响；然后再以搬迁户作为研究对象，选取是否是集中安置为自变量，看不同的安置方式对农户生计活动的影响。整体的回归模型除了搬迁的自变量以外，还选择了自然资本、物质资本、金融资本、社会资本、人力资本和社区因素作为控制变量。资本中则选取了每个资本中具有代表性的变量。选取农户是否参加每种活动为因变量，参加为1，没有参加为0，因变量为二分变量，采用Logistic回归分析。Logistic回归是一种概率性非线性回归模型，是对定性变量的回归分析。

表6-3以搬迁户和非搬迁户总体作为研究对象，选取是否搬迁作为自变量。可以看出，在控制了五个资本和社区因素之后，搬迁户参加养殖活动的概率是非搬迁户的0.745，参加非农自营活动的概率是非搬迁户的0.479。搬迁工程对农户参与养殖活动和非农自营活动有显著的负向影响，对参与农林活动和外出务工则没有显著的影响。

在五个资本中，在其他因素不变的情况下，农户拥有的实际耕地面积每增加一个单位，农户参加农林活动的几率增加68%，参加养殖活动的几率增加27%，参加非农自营活动的几率减少6%，且影响显著，而农户拥有的实际林地面积则对选择外出务工有显著的负效应，对农林活动、养殖活动、非农自营活动的选择无显著影响；在农户所占有的资本中，家庭自有资产的拥有量对农林活动、养殖活动、非农自营活动都有显著的正向影响；家庭总现金收入的对数每增加一个单位，农户选择非农自营活动的几率增加1.95倍，参与外出务工活动的几率增加44%；社会网络的规模由用亲戚中的村干部或公务员的数量和急需大笔开支时可以求助的户数来衡量，对各项活动均无显著影响；家庭的劳动能力每增加一个单位，农户选择外出务工活动的几率增加1.99倍，且影响显著，对其他活动则无显著影响；家庭平均受教育年限越长，农户参加养殖活动的概率越大；家庭受过非农培训的人数每增加一个单位，参加养殖活动的概率增加23%，选择非农自营活动的概率减少14%，外出务工的概率增加57%。

在社区因素中，控制了其他变量后，相对于农户所在村远离保护区，临近保护区的农户参与农林活动的几率降低72%，参与养殖活动的几率降低33%，参与外出务工的几率降低77%；所在村到镇上的距离对养殖活动有显著的负效应，对其他活动无显著的影响。

表 6-3　搬迁工程对生计活动选择影响的 Logistic 回归结果

（样本量：1404）

	农林活动	养殖活动	非农自营活动	外出务工
搬迁户	1.223	0.754*	0.479***	0.917
自然资本				
户实际耕地面积	1.682***	1.274***	0.941***	0.985
户实际林地面积	1.001	1.000	1.003	0.997**
物质资本				
自有资产	12.331**	6.571***	1.158***	1.265
金融资本				
现金收入（ln）	0.888	1.054	2.947***	1.437***
社会资本				
社会网络规模	0.977	0.996	0.995	1.001
人力资本				
劳动能力	1.565	1.320	0.525	2.989***
户均受教育年限	0.937	0.859***	1.135	0.938
非农培训	1.054	1.226***	0.862*	1.574***
社区因素				
临近保护区	0.618*	0.326***	0.934	0.767*
到镇上距离	1.013	1.049***	0.988	1.013
Pseudo R²	0.220***	0.213***	0.315***	0.128***

注：***，$p<0.01$；**，$p<0.05$；*，$p<0.1$。

表 6-4 以搬迁户总体作为研究对象，选取是否是集中安置为自变量。可以看出，在控制了五个资本和社区因素后，集中安置户参加农林活动的概率是非集中安置户的 0.315 倍，参加养殖活动的概率是非集中安置户的 0.349 倍，参加外出务工活动的概率是非集中安置户的 2.162 倍。集中安置的安置方式对农户的农林活动、养殖活动有显著的负向影响，对外出务工有显著的正向影响，对非农自营活动则没有显著的影响。

在各项资本中，在其他因素不变的情况下，在搬迁户中，农户实际拥有的耕地面积每增加一个单位，农户选择农林活动的几率增加36%，养殖活动的几率增加 31%，林地面积则对搬迁户的各项活动无显著影响；农户拥有的自有资产对非农自营活动有显著的正向影响；家庭总现金收入的对数每增加一个单位，搬迁户选择非农自营活动的几率增加 3 倍，参与外出务工活动的几率增加 26%；家庭总现金收入的对数每增加一个单位，农户选择非农自营活动的几率增加 3 倍，参与外出务工活动的几率增加 26%；社会网络的规模对农户外出务工活动的选择有显著的负效应；家庭受过非农培训的人数每增加一个单位，搬迁户选择养殖活动的几率增加 3 倍，非农自营活动的几率增加 15 倍，外出务工活动的几率增加 4 倍；家庭中受过非农培训的人数每增加一个单位，参与非农活动的几率降低 33%，参与外出务工的几率增加 60%。

在社区因素中，搬迁后所在村临近保护区的搬迁户参与农林活动的几率是远离保护区的 10 倍；搬迁后所在村到镇上的距离每增加一个单位，选择农林活动的几率增加 17%，养殖活动的几率增加 12%，其他活动则无显著的影响。

表 6-4 安置方式对生计活动选择影响的 Logistic 回归结果
（样本量：408）

	农林活动	养殖活动	非农自营活动	外出务工
集中安置户	0.315*	0.349***	0.495	2.162***
自然资本				
户实际耕地面积	1.360***	1.306***	0.989	1.000
户实际林地面积	1.019	1.004	1.000	0.999
物质资本				
自有资产	15.25	4.882	2.047***	0.655
金融资本				
现金收入（ln）	1.134	1.021	4.019***	1.259**
社会资本				
社会网络规模	0.927	1.048	0.958	0.929**
人力资本				
劳动能力	1.898	4.306**	15.94*	4.591**

	农林活动	养殖活动	非农自营活动	外出务工
户均受教育年限	0.835	0.880	0.887	0.818**
非农培训	1.020	1.109	0.670**	1.597***
社区因素				
临近保护区	10.43**	0.873	0.712	0.725
到镇上距离	1.172**	1.116***	1.022	1.013
Pseudo R²	0.237***	0.214***	0.458***	0.119***

注：***，$p<0.01$；**，$p<0.05$；*，$p<0.1$。

三、移民搬迁对生计活动收入的影响分析

前面讨论了搬迁工程对农户生计活动的影响，下面进一步分析搬迁工程对农户生计活动收入的影响。首先，以搬迁户和非搬迁户总体作为研究对象，选取是否搬迁作为自变量，看搬迁工程对农户的生计活动收入影响。其次，再以搬迁户作为研究对象，选取是否是集中安置为自变量，看不同的安置方式对农户生计活动收入的影响。整体的回归模型同样将搬迁、家庭结构、自然资本、物质资本、金融资本、社会资本、人力资本和社区因素设为自变量。每种生计活动的收入的对数作为因变量，是连续的数值型变量，因为并不是所有的农户都会参加每一种生计活动，直接采用 OLS 回归分析会产生样本选择性偏误的问题。Heckman（1974）提出的两步法可以解决自我选择偏差的问题，所以选择 Heckman 回归分析来分析。表 6-5、表 6-6 为 Heckman 第二阶段的回归结果。

表 6-5 以搬迁户和非搬迁户总体作为研究对象，选取是否搬迁作为自变量。五个资本和社区因素作为控制变量。可以看出，在控制了其他因素后，相较于非搬迁户，搬迁户的养殖收入、务工收入较高，农林收入较低，且影响显著，搬迁工程对非农自营收入无显著影响。

在其他因素不变的情况下，在各个资本方面，农户拥有的实际耕地面积对农林收入有显著的正效应；实际林地面积对外出务工收入有

显著的负效应；自有资产的占有量对农林活动收入有显著的负效应；社会网络的规模对农户家庭的农林收入和务工收入有显著的正影响；家庭中劳动力数量越多，非农自营收入也越高，且作用显著；家庭中受过非农培训的人数对农林收入、务工收入有显著的正效应。

在社区因素中，农户所在村到自然保护区的距离，临近保护区的农户农林活动和外出务工活动的收入更高，养殖活动收入较低；农户所在村到镇上的距离对农林收入和非农自营活动收入有显著的正效应，对养殖活动收入有显著的负效应。

表 6-5　搬迁工程对参与生计活动收入影响的 Heckman 回归结果
（样本量：1404）

	农林收入	养殖收入	非农自营收入	务工收入
搬迁户	-0.103^{**}	0.414^{***}	0.310	0.324^{**}
自然资本				
户实际耕地面积	0.048^{***}	-0.013	-0.015	0.006
户实际林地面积	0.0001	0.002	-0.003	-0.004^{*}
物质资本				
自有资产	-2.107^{***}	0.614	-0.366	0.787
金融资本				
融资渠道	0.103	-0.131^{*}	-0.088	-0.019
社会资本				
社会网络规模	0.088^{***}	0.021	0.002	0.035^{**}
人力资本				
总劳动力数	-0.034	-0.066	0.036^{*}	0.198
户均受教育年限	0.114^{***}	0.079^{*}	0.058	0.008
非农培训	0.129^{**}	0.008	0.091	0.293^{*}
社区因素				
临近保护区	0.706^{***}	-0.374^{**}	-0.409	0.270^{*}
到镇上距离	0.029^{***}	-0.030^{***}	0.014^{*}	0.001

注：***，$p<0.01$；**，$p<0.05$；*，$p<0.1$。

表 6-6 以搬迁户总体作为研究对象，选取安置方式作为自变量，

五个资本和社区因素为控制变量。可以看出，在控制了其他因素后，相对于非集中安置户，集中安置户的农林活动收入更高，安置方式对其他活动收入则无显著的影响。

在其他因素不变的情况下，在搬迁户中，农户拥有的实际耕地面积对农林收入有显著的正效应，非农自营收入有显著负效应；家庭户均受教育年限越长，家庭非农自营收入越高；受过非农培训的人数越多，搬迁户在农林活动、养殖活动、外出务工活动方面的收入越高。

在社区因素中，搬迁后所在村临近自然保护区的农户农林收入更高；到镇上的距离越近，农林活动收入越高，非农自营收入越低。

表 6-6　安置方式对参与生计活动收入影响的 Heckman 回归结果
（样本量：408）

	农林收入	养殖收入	非农自营收入	务工收入
集中安置	-0.565**	-0.175	-0.033	0.207
自然资本				
户实际耕地面积	0.071***	-0.012	-0.123***	-0.003
户实际林地面积	0.006	0.005	-0.006	-0.001
物质资本				
自有资产	-0.320	1.698	-5.030	0.333
金融资本				
融资渠道	-0.183	0.063	0.102	0.014
社会资本				
社会网络规模	0.160***	-0.006	0.010	0.025
人力资本				
总劳动力数	0.037	-0.056	-0.152	-0.142*
户均受教育年限	0.024	0.049	0.104*	-0.066
非农培训	0.178*	0.218**	0.256	0.303***
社区因素				
临近保护区	1.037***	-0.339	0.573	0.284
到镇上距离	0.039*	-0.178	-0.073**	0.002

注：***，$p<0.01$；**，$p<0.05$；*，$p<0.1$。

第三节　结论

本章对搬迁户和非搬迁户参加的各种生计活动及其收入进行了描述性统计分析，并分析了搬迁工程、安置方式对农户生计活动的选择及其收入的影响作用。

（1）农林活动是农户生计活动中的主要项目。搬迁户的养殖活动显著低于非搬迁户，收入却显著高于非搬迁户。一方面，因为搬迁后受到土地等限制，养殖活动被迫减少；另一方面，搬迁户原来的生活环境都是极其恶劣的，有条件从事养殖的农户搬迁以后的养殖环境有明显改善，再加上政府对其养殖技术的指导，以及各种工具购买、后续出售的便利，农户养殖的效率提高，所以在养殖活动减少的情况下，收入却提高了。

搬迁工程对农户参与非农自营活动有显著的负向影响，对非农自营活动收入无显著影响。在前面的描述性统计中，搬迁户的非农自营活动收入高于非搬迁户，但是不显著。一个可能的解释是，搬迁户中止了原有的非农经营活动，原因是家中多数资金被用来进行住房和物质资本的投资，没有足够的钱来继续选择以创业为主的生计策略。另外，因为安置地多选择在公路边，村镇集中的地方，部分农户将靠近路边的门面房用来经营小商店，农家乐或者出租，来增加家庭现金收入。

在外出务工方面，搬迁工程对农户参与外出务工没有显著的影响，但是在描述性统计的结果中，搬迁户的外出行为显著高于非搬迁户。因为在外部环境发生很大改变的情况下，搬迁户又面临很大的资金压力，而外出务工是在生计活动中可以很快筹集到资金的选择。另外，陕南移民的搬迁工程启动于2011年，在调研获取数据的时候大多数的农户因为搬迁在家中盖房，暂时中止了原来的务工行为。相应的，搬迁工程对农户外出务工的收入有显著的正效应。可能的解释一是因为搬迁户在搬迁前由于各种资本的缺少，相较于非搬迁户在外务工时间更长，长期在外务工的积累，能够进入对自己更有利的劳动力市场；二是前面的分析结果显示搬迁户的人力资本显著高于非搬迁户，劳动效率相对较高；三是因为搬迁后家中现金需求较大，相对于非搬迁户，其成员外出务工收入贡献给家庭的更多。

（2）集中安置的安置方式对农户的农林活动、养殖活动有显著的负向影响，相对应的收入也低于非集中安置户，是因为这两类活动都主要受到自然资本和农户自有资产的影响。集中安置户搬迁时在某种程度上带有被动的性质，安置地土地的局限性限制了农户的农林活动和养殖活动。在当地，大多数的搬迁户仍旧耕种着原来山上的土地，也有部分搬迁户选择其他的生计活动，原有的土地被荒废。集中安置户选择外出务工的更多，描述性统计中的粗影响显示集中安置户的务工收入较多，但是在回归中的净影响分析中，安置方式对务工收入则无显著影响。这个结果可能的解释是，在传统的低技能的农村劳动力市场上，由于受到资本及发展要素的限制，降低了集中安置户的收入能力和财富积累的水平，再加上受到社会排斥等不公平对待，使其发展空间受限，更多的选择外出务工。安置方式对农户选择参与非农自营活动则没有显著影响。

（3）在生计活动的收入方面，外出务工的收入在家庭收入中的比重最大。搬迁工程的实施提高了农户养殖活动、非农自营活动及外出务工的效率，增加了农户的收入。同时，搬迁之后生存环境的改变，社区基础设施的完善，提高了农户的生活质量。人力资本禀赋更高的农户从非农活动中取得了更好的生计收入，他们的生计活动效率也更高。对农户技能的培训，大大提高了搬迁户的人力资本，使其在生计活动的选择上更加多元化，劳动效率也更高。政府在搬迁工程实施的过程中，对农户维持生计起了很大的作用。另外，搬迁户的养殖活动收入和务工收入都高于非搬迁户，安置地的选择都集中在交通、通信、水源、能源等基础设施条件相对较好的地方，因此他们在生计活动的选择上不仅仅依赖于农业，而是选择更多可以体现自身能力的活动。

（4）在五个资本方面，各个资本的占有情况影响着农户对生计活动的选择，进而影响生计活动收入的高低。农户是否选择参与非农活动受到农户拥有的各个资本禀赋的影响，资本禀赋更高的农户更愿意突破现有资本及市场的约束，选择效率较高的非农活动，对于资本禀赋低的农户大多只能选择从事纯农林活动。从整体上看，自然资本越高，农户的农林活动和养殖活动越高，外出务工活动则越少，在对应活动的收入上也表现出同样的结果。物质资本和金融资本影响着农户家中资产及现金的流动，农户所拥有的物质资本和金融资本越高，从事第二、三产业的能力也越高，有更多的能力以资金换取设备、基础设施或提高技术，用来投入或扩大经营、生产获取更高的收入，所以这两个资本较高的农户更多地选择非农的生计活动。社会资本对农户选择各项活动及收入没有很大的影响。人力资本对养殖活动，外出务工及收入有正向的效应，说明人力资本较高的农户更愿意选择能体现自身能力价值的生计活动，所以对农户的各项技能培训能增加农户生计活动选择的范围。

（5）在社区因素中，搬迁户所在村是否临近自然保护区及到镇上的距离对农户选择生计活动和收入都有显著的影响，所以搬迁户搬迁地点的选择不仅要考虑当地的生态承载力，还要考虑安置地是否有利于农户后续生计活动的选择，是否能够提高生计活动的收入。

第七章

生态移民搬迁工程对农户生计后果的影响

移民搬迁政策实施的目标要求，搬迁农户能够完全适应新的生活环境，选择合适的生计活动，并且生计水平至少不低于搬迁前，同时应该具备能够应对一定程度的自然变化和市场条件变化的能力，这样的生计策略的选择才算成功。生计后果是生计策略的结果。在分析了搬迁工程对农户的生计资本，生计活动的影响之后，为进一步深入探索生态移民生计恢复中的生计资本作用特征，本章分析生计资本对生态移民生计效果的影响效应，分析变化的生计资本和生计活动的选择对农户生计后果的影响。生计后果从两个方面来进行研究：一方面，对经济收入的直接影响；另一方面，试选择收入多样性指数和收入依赖性指数来衡量，通过描述性统计对比分析搬迁户和非搬迁户，集中安置户和非集中安置户的收入多样性指数和收入依赖性指数之间的差异，然后运用 Stata 软件进行 OLS 回归来分析陕南移民搬迁工程的实施对农户生计后果的影响，安置方式对搬迁农户生计后果的影响。

第一节　生计资本对生态移民生计后果的影响

一、生计资本对农户家庭收入的影响效应的分析框架

生计是建立在资源、能力和行动的基础上，即在一定的资源条件下，具备一定能力的农户会采取能力可及、资源可承载的行动。在 DFID 可持续生计分析框架中，生计资本及其构成（即自然资本、物质资本、金融资本、人力资本、社会资本等五种生计资本）是核心内容之一，对农户的生计结果起着决定性作用。生计资本存量及其组合状态，不但决定了农户在遭遇外界冲击和风险时自我保护生计能力的强弱，生

计应对策略选择范围的大小，更影响农户最终的生计成果，如家庭经济收入。在这五大类生计资本中，自然资本、物质资本和金融资本是有形资本，人力资本和社会资本是无形资本。

1. 生计资本对农户家庭收入的影响效应

在我国西部地区农户的自然资本中，最主要的是耕地和林地，是发展种植业的物质基础。耕地、林地上的经营性收入是农户收入的基本来源，农户所拥有或使用的土地的面积、灌溉条件、土壤条件和地形条件等都会影响农户的收入构成和收入水平。这些因素的改善，都会相应改善农户的收入水平和结构。当然，也有研究表明，农户家庭人均生产性用地拥有量与其家庭人均收入及收入不平等呈"U"型关系，认为农村人均生产性用地较多并不能保证农户拥有较高的家庭收入。在自然资本方面，可以进行土地流转，流转与兼并带来的适度规模化经营。研究发现，与增加生产性资产相比，扩大土地经营面积对农户家庭收入的作用更加显著。无论是土地转入还是转出，都有利于提高农户收入水平和可支配金融资产余额。

物质资本中的农户房屋、生产性资产和耐用品资产都对其收入产生直接有效的正面影响。家庭人均生产性固定资产越多，农户人均收入也越高。农户房屋等耐用品资产的产权及价值增值，也会增加农户财产性收入。由于农户间较大物质资本分布不均使物质资本不平等对农户收入差距的贡献很大，成为农户收入差距最重要的影响因素。比如拥有更多更好的生产性资本的农户，自身的农林业发展质量与效率就比一般农户高，并且随着土地流转的不断推进，部分农户进行了农业的适度规模化经营，获得了较高的经济收益。而且，生产性固定资产等物质资本在一定程度上也影响着农户获得外部资金如贷款的能力，对农户的金融资本也产生影响。农户的金融资本主要包括资金和融资渠道两方面，资金既包括农户的自有资金，也包括通过信贷等融资途径获得可供使用的资金。

金融资本是农户进行生产和再生产的关键资源。研究表明，人均金融资产额或人均累计借贷额的增加会有效提升农户的人均收入。农户金融资产激活进行金融交易，对提高农户收入有积极作用。农户贷款渠道的分析研究表明，信贷约束强度的提升会使农户生产收入减少。部分农户无法获得贷款或者获贷数额不足时，会对其生产和消费产生较大的负面影响。农户是否获得过微型金融的贷款，对农户的人力资产和物质资产有显著影响。农户融资显著提高了农户家庭纯收入，尤其是对家庭非农收入的促进作用明显。农户融资拉大了农户收入差距，高收入水平农户融资的产出弹性明显高于低收入水平农户。有研究进一步发现，不同收入水平下农户的借款额对家庭总收入的影响不同，即借贷对中等收入水平的农户收入效应明显，对低、高收入水平农户的影响不明显。

根据西奥多·舒尔茨（Theodore Schultz）的观点，人力资本是由教育、培训、健康和迁移等多种投资形式所形成的，凝结在人身上的多种能力类型的总称。各种关于社会结构转型背景下个体经济收入决定因素的研究结果表明，随着知识和信息在产业发展中作用的不断提升，人力资本在个体收入决定中的作用也越来越重要。在有关农户收入地位决定的研究中，人力资本是诸多农户禀赋中经常被强调的一个因素。由于每一个农户家庭都是由多个劳动成员个体所构成的小型组织，所以不同家庭成员所拥有的人力资本就内生地决定着农户家庭的人力资本体系，也就是说，农户家庭人力资本的总体禀赋水平取决于每个家庭成员个体的人力资本水平，农户人力资本的不同禀赋水平会对农户家庭生计收入形成不同的影响效应。国内外无数的研究都证明：农户的人力资本水平与其家庭生计收入具有正相关关系，家庭劳动力受教育程度越高，农户的人均纯收入也越高；培训促使农户的家庭生计收入结构得到明显改善，家庭经营收入也得到较大幅度的增加。更有研究发现，造成农户收入差距的原因主要在于人力资本而非物质资本和土地。

按照社会资本所包含的核心内容，社会资本可定义为社会组织的特征，诸如社会网络及信任规范等，这些要素能够促进相互合作的达成进而提高社会效率。社会资本从层次上可以划分为两个基本层次：微观层次的社会资本和宏观层次的社会资本。微观层次的社会资本指的是社会个体（家庭或个人）的社会网络，能够为某一社会个体带来收益的、相对稳定的社会关系，集中关注个体通过自我构建的社会网络和社会关系获得资源的能力，主要考察家庭的社会网络和家庭之间的互惠，比较接近于一种"私人物品"，又被称为"个人社会资本"；宏观社会资本指的是社会群体中与社会网络、信任和规范等与社会组织特征相关的一些要素，能够有效提升社会群体的集体行动水平和效率，主要考察公共参与、社会信任、社会规范和民间组织等四个方面，比较接近于一种"公共物品"，又被称为"集体社会资本"。社会资本与物质资本、人力资本一样，这种个人与组织、他人之间的联系可以给个人带来未来的收益。近年来，社会资本在经济发展尤其在农村发展中的作用日益得到重视。许多研究发现：社会资本在农户贫困减少和收入改善方面能够发挥积极的作用，对农户总收入有直接显著的回报效应。纳拉扬（Narayan）和普里切特（Pritchett）1999 年研究坦桑尼亚农村地区的村庄社会资本时重点考察了村庄社会规范和社团关系，发现这些要素对农户家庭收入有显著的影响，更多的社区合作、更好的社区公共服务和对信任的良好利用是社会资本对农户收入发挥影响作用的直接渠道。格鲁特尔特（Grootaert）的研究表明，家庭层面的社会网络对于减少农户贫困具有显著的影响。

2. 人力资本、社会资本对移民家庭收入的影响效应

与自然资本、物质资本和金融资本等有形资本不同的是，在生态移民之后，人力资本和社会资本等无形资本对家庭收入的作用效应会发生很大程度的弱化。在上述关于人力资本和社会资本对农户生计收入影响效应的基础上，还有一些学者发现了人力资本和社会资本对移民家庭收入的效应失灵现象。

一些学者在研究中发现了人力资本对收入影响的悖论。国外学者主要从人力资本贬值的视角来分析人力资本与收入决定的悖论。Moreh（1973）发现，随着时间的推移，所有能够减少收入能力的因素都意味着人力资本贬值，这些因素包括所获培训知识的过时、由生理和心理因素引起的记忆力减退和年龄偏高时对闲暇的偏好，失业、充分就业、退出市场等都直接影响了人力资本的收入能力。Shephard（2000）研究

发现，人的反应速度、敏锐性、肌体技能会随着年龄的增长发生退化，进而影响劳动者的生产率，导致人力资本失灵或贬值。国外学者对人力资本失灵或贬值的研究主要是基于微观个体的状态，如健康的改变导致生理心理的变化；年龄拐点的到来导致劳动生产率的下降；失业、再就业、退出劳动力市场等个体经济行为；女性生育、服刑服役等特殊社会行为。

国内的研究者则主要从宏观的社会变迁、制度变革、技术变迁、市场转轨和产业结构改造的视角考察宏观层面主导的人力资本失灵。国内学者提出人力资本失灵概念的是李培林、张翼（2003），他们在对东北老工业基地约 1000 个下岗工人样本的抽样调查发现，在中国的大转变时期，快速的社会变动使下岗职工的收入决定、阶层认同和社会态度等方面存在人力资本失灵现象。李培林等在对老工业基地企业职工下岗后的生计调查发现，与文化水平较低的下岗职工相比，很多具有较高文化程度的下岗人员并不能更容易地找到工作，并且找到工作后也没有获得更高的收入，他们把这种现象称为"人力资本的失灵"。之所以出现这种现象，可能是在经济社会剧烈变动的转型期，在市场转轨和产业结构改造的过程中"知识技能系统"发生了改变，前期积累的人力资本在改变了的"知识技能系统"中不再明显发挥作用，即发生了"人力资本的断裂"。赵延东 2000 年对武汉企业下岗职工开展的社会调查也表明，企业职工下岗前所积累的人力资本（专业技术等级和职称）对其下岗后的再就业质量（满意度、工作收入和职业声望等）几乎没有发挥任何作用。另外，胡静等 2009 年对南水北调非自愿移民的生计状况进行调查时，发现资本对收入和贫困改善的解释失灵，正规教育、培训和迁移等因素都不再对移民户的收入和贫困改善发挥显著作用，在面对搬迁后新的生产生活环境时，原有的生产技能、经验和见识都出现了不同程度的失灵现象。但随着对当地生产生活环境的适应，通过培训等手段可以帮助移民修复中断的人力资本积累。因此，在生态搬迁后的生计恢复期，会出现生态移民的人力资本对家庭生计恢复的失灵现象。并且搬迁时间较短的农户，人力资本失灵的情况更严重。

社会资本不同于物质资本，社会资本不会由于使用而减少但会由于不使用而枯竭。它具有可再生性，是非短缺的，会因为不断地消费和使用增加其价值。虽然社会资本是随着时间而"慢慢地"产生的，但它会随着环境的变化而迅速贬值或失灵。社会经济中处于弱势地位的生态移民的社会资本特点如下：

（1）社会网络封闭。生态移民家庭劳动力可谋取就业资源的社会资本主要集中于以亲缘和地缘为纽带的社会关系网络中，由于文化、居住方式、交通等因素与外界联系较少，社会交往仅局限于亲戚和乡亲中，社会网络规模小，存在潜在的就业风险。

（2）网络同质性强。由于生态移民在搬迁之前长期处于共同的生活地域、生活经历，嵌入在这种网络中的资源必然具有较大的趋同性，网络密度越高，代表的异质性越差。

（3）资本存量低。生态移民的知识技能水平普遍不高，就业主要是农林业或者外出务工，外出务工主要是餐饮、建筑工人、司机等知识含量较低的工作，社会网络交往对象的社会经济地位较低，因此其拥有的社会资本存量处于劣势。生态移民这样的社会资本特征，在经历搬迁的冲击后，其功能和效用会受到负面影响。

生态搬迁安置工程导致移民原来基于血缘、地缘、业缘等因素而建立的社会组织和社会关系功能弱化。移民搬迁安置之前，邻里和亲缘关系的主要特征是情感型，搬迁后这种关系维持的频度和强度都在下降，使原有的情感型关系功能在不同程度上弱化，移民从中获得的社会性支持随之减少。在移民搬迁安置之后，不论是近迁还是远迁，面对新的社会环境或者社区环境，首先遇到的问题是原有社会结构的瓦解，如果是远迁，他们就需要对当地的语言、礼仪风俗、文化背景、生活方式进行接受和习惯，这个过程对于大多数移民来说是漫长的。而在一个相对陌生的环境里，移民可用的社会资源和信息渠道在急剧减少，其信息获取能力、社会交际能力以及其生产能力都在被限制和压缩。搬迁之后的很长一段时期，都面临着重构生存环境的生计任务，要逐渐熟悉、接受迁入地的社区组织、信任和社区规范，构建迁入地的人际关系和社会网络。搬迁这种剧烈的环境条件改变行为导致移民可以利用的信息传递渠道和社会资源急剧减少，限制了其社会交往和获取信息能力的发挥，减少了其获得生计发展的机会。总之，搬迁安置后移民社会资本功能受到严重弱化，对家庭经济收入的作用不再显著。随着时间的推移，移民在安置地社会活动逐渐增多，特别是与当地农户之间交往增强，社会资本的功能得到不同程度的恢复。因此，在生态搬迁后的生计恢复期，生态移民的社会资本对家庭生计恢复的解释会出现失灵现象，并且搬迁时间较短的农户，社会资本失灵的情况更严重。

二、分析方法与计量模型

在本研究中，探索了生计资本在生态移民家庭生计恢复中的作用特征，拟建立一个以生计资本为自变量，以生态移民生计恢复为因变量的多元线性回归模型。多元线性回归模型是在线性相关的条件下，两个或两个以上的自变量与一个因变量的数量变化关系。设因变量 y 与自变量 x_1，x_2，$\cdots$，x_{m-1} 共有 n 组实际观测数据。y 是一个可观测的随机变量，它受到 $m-1$ 个非随机因素 x_1，x_2，$\cdots$，x_{m-1} 和 ε 随机因素的影响。若 y 与 x_1，x_2，$\cdots$，x_{m-1} 有如下线性关系：

$$y = \beta_0 + \beta_1 x_1 + \beta_2 x_2 + \cdots + \beta_{m-1} x_{m-1} + \varepsilon \qquad (7\text{-}1)$$

其中，y 为因变量，x_1，x_2，$\cdots$，x_{m-1} 为自变量，β_0，β_1，β_2，$\cdots$，β_{m-1} 是 m 个未知参数；ε 是均值为 0，方差为 $\sigma^2 > 0$ 的不可观察的随机变量，成为误差项，并通常假定 $\varepsilon \sim N(0, \sigma^2)$。对于 n（$n \geq p$）次独立观察，得到 n 组数据（样本）：

$$\begin{cases} y_1 = \beta_0 + \beta_1 x_{11} + \cdots + \beta_{m-1} x_{1m-1} + \varepsilon_1 \\ y_2 = \beta_0 + \beta_1 x_{21} + \cdots + \beta_{m-1} x_{2m-1} + \varepsilon_2 \\ \vdots \\ y_n = \beta_0 + \beta_1 x_{n1} + \cdots + \beta_{m-1} x_{nm-1} + \varepsilon_n \end{cases} \qquad (7\text{-}2)$$

其中，ε_1，ε_2，$\cdots$，ε_n 是相互独立的，且服从 $\varepsilon \sim N(0, \sigma^2)$ 分布。

令
$$Y = \begin{bmatrix} y_1 \\ y_2 \\ \vdots \\ y_n \end{bmatrix}_{n \times 1}, \quad X = \begin{bmatrix} 1 & x_{11} & x_{12} & \cdots & x_{1m-1} \\ 1 & x_{21} & x_{22} & \cdots & x_{2m-1} \\ \vdots & \vdots & \vdots & \vdots & \vdots \\ 1 & x_{n1} & x_{n2} & \cdots & x_{nm-1} \end{bmatrix}_{n \times m},$$

$$\boldsymbol{\beta} = \begin{bmatrix} \beta_0 \\ \beta_1 \\ \vdots \\ \beta_{m-1} \end{bmatrix}_{m \times 1}, \quad \boldsymbol{\varepsilon} = \begin{bmatrix} \varepsilon_0 \\ \varepsilon_1 \\ \vdots \\ \varepsilon_n \end{bmatrix}_{n \times 1}$$

则式（7-1）用矩阵形式表示为：

$$\begin{cases} Y = X\boldsymbol{\beta} + \boldsymbol{\varepsilon} \\ \varepsilon \sim N(1, \sigma^2 I_n) \end{cases} \quad （7-3）$$

回归理论模型确定后，利用收集、整理的样本数据对模型的未知参数给出估计。未知参数的估计方法最常用的是普通最小二乘法。设 $\hat{\beta}_0$，$\hat{\beta}_1$，$\cdots$，$\hat{\beta}_{m-1}$ 分别是参数 β_0，β_1，$\cdots$，β_{m-1} 的最小二乘估计，则 y 的观察值可表示为：

$$y_k = \hat{\beta}_0 + \hat{\beta}_1 x_{k1} + \cdots + \hat{\beta}_{m-1} x_{km-1} + e_k \quad （7-4）$$
$$e_k = y_k - \hat{y}_k$$

其中，$k=1$，2，$\cdots$，n。e_k 是误差项 ε_k 的估价值，又令 $\hat{y}_k$ 为 y_k 的估计值，有：

$$\hat{y}_k = \hat{\beta}_0 + \hat{\beta}_1 x_{k1} + \cdots + \hat{\beta}_{m-1} x_{km-1} \quad （7-5）$$

式（7-5）为观察值 y_k（$k=1$，2，$\cdots$，n）的回归拟合值。相应地，向量 $\hat{\overline{y}} = \overline{X}\overline{\boldsymbol{\beta}} = (\hat{y}_1, \hat{y}_2, \cdots, \hat{y}_n)^T$ 为因变量向量 $\overline{y} = (y_1, y_2, \cdots, y_n)^T$ 的回归拟合值。

根据最小二乘法，β_0，β_1，$\cdots$，β_{m-1} 应使全部观察值 y_k 与回归值 $\hat{y}_k$ 的偏差平方和 Q 达到最小。Q 是未知参数向量的非负二次函数，Q 反映了在 n 次观察中总的误差程度，Q 越小越好。即：

$$Q = \sum_{k-1}^{N} \left[y_k - \left(\hat{\beta}_0 + \hat{\beta}_1 x_{k1} + \cdots + \hat{\beta}_{m-1} x_{km-1} \right) \right]^2 \quad （7-6）$$

由于 Q 是未知参数向量的非负二次函数，最小值一定存在。因此，可取得使 Q 达到最小值时 β 的值 $\hat{\beta}$ 作为 β 的点估计，所以 $\hat{\beta}$ 满足如下关系：

$$(Y - X\beta)^{\mathrm{T}}(Y - X\beta) = \min\left\{(Y - X\beta)^{\mathrm{T}}(Y - X\beta)\right\} \qquad (7\text{-}7)$$

通过式（7-7）将 Q 对 β 求导，并令其为 0，可得 $\hat{\beta}$ 的解：

$$\hat{\beta} = (X^{\mathrm{T}}X)^{-1}X^{\mathrm{T}}Y \qquad (7\text{-}8)$$

即为回归系数 β 的最小二乘法估计。

在具体的方法运用上，研究中分为两个方面：一是探讨五大类生计资本对生态移民生计恢复的影响；二是探讨无形资本—人力资本和社会资本对生态移民生计恢复的影响。在第一方面的研究中，利用多元线性回归模型，以生计资本为自变量，以生态移民生计恢复为因变量进行回归分析。在第二方面的研究中，首先，利用多元线性回归模型，分别以移民和当地农户为研究对象，研究人力资本和社会资本对家庭生计恢复的影响，并分析两者之间作用特征的差异和原因。其次，对不同类型的移民进行分类研究，按照搬迁安置时间、选择的生计恢复策略和安置方式这三个方面进行分类。根据移民生计恢复规律，搬迁后前 3 年主要是移民身份的认同和生产适应阶段，搬迁 3 年以后就逐步进入一个生计恢复的稳定阶段，所以我们以 3 年为界限，将移民户按照安置时间分为两种类型：3 年及 3 年以下的移民搬迁户和 3 年以上的移民搬迁户。根据生态移民选择的生计恢复策略，把移民分为农业为主型的移民、非农为主型的移民和生计多样型的移民三类。按照安置方式可以分为集中安置的移民和分散安置的移民两类。最后，运用多元线性回归模型分别以这三种划分方式而产生的不同类型的移民为研究对象，分析人力资本和社会资本对不同类型移民的家庭生计恢复的影响特征。

三、变量设置与描述性统计

本部分探讨的是生计资本在生态移民家庭生计结果中的作用特征，以"生态移民生计结果"为因变量，用"家庭年经济收入"为因变量的代理变量。基于移民生产经营的实际情况，家庭经济收入由农业收入、林业收入、家庭养殖收入、外出务工收入和非农经营收入构成。由于正态分布或者近似正态分布的变量是回归分析的必要假设前提，对移民和当地居民的经济收入分布进行检验后，发现因变量的分布呈指数分布状态，所以必须对因变量进行转换。分别对移民和当地居民的经济收入这一变量取自然对数后，结果显示变量接近正态分布。因此，因变量为移民和当地居民经济收入的对数。

生态移民的生计资本是我们所运用的自变量。自然资本用生态移民人均耕地面积和人均林地面积来测量。物质资本用住房情况和生产、交通工具来进行测度。金融资本用融资渠道来进行测量。人力资本是体现在劳动者身上的以劳动者的数量和质量表示的资本，包括教育、培训、健康和迁移等。关于人力资本的测量目前已比较成熟，借鉴相关研究成果，本研究采用家庭劳动力的"数量、平均年龄、健康状况、平均受教育程度、拥有的手艺和技术、有外出务工经历的人数和最远足迹"来测量人力资本。社会资本从微观社会资本和宏观社会资本两个层面进行测度。微观社会资本方面，用"家庭人情费用"来测量家庭之间的互惠，用"急需大笔开支可以求助户数"和"通信费用"来测量社会网络的规模；社会网络的异质性程度更能体现社会资本的质量，用"亲戚中有无村干部及国家公务员"来测量网络的异质性。宏观社会资本方面，结合移民搬迁后的实际情况，从"参加专业合作协会""集体事务参与程度"和"户主宗教信仰"三个方面来测量。

各变量的取值与说明见表 7-1。

四、研究结果

（一）生计资本对生态移民和当地农户家庭经济收入作用差异比较

在有关文献研究回顾中，我们发现生计资本的作用因素出现了与一般农户研究结果不相一致的问题。为了探究这一问题的原因，我们将生计资本对生态移民和当地农户家庭经济收入的影响效应进行了比较分析。

表 7-1 变量说明与描述性统计

变量类型及名称	取值与含义	总样本		移民		当地农户	
		均值或百分比	标准差	均值或百分比	标准差	均值或百分比	标准差
因变量							
家庭年经济收入	自然对数	8.01	2.69	8.41	0.12	7.84	0.09
自变量							
自然资本							
人均耕地面积（亩）	—	1.55	2.80	1.56	3.63	1.55	2.54
人均林地面积（亩）	—	11.08	23.98	10.13	33.97	11.33	20.52
物质资本							
住房情况	根据住房的面积、结构和区位进行赋值打分。	9.92	0.06	11.10	0.12	9.59	0.07
生产、交通工具	通过对农户家里的生产、交通工具赋值得到，机动三轮、摩托车、汽车、拖拉机、铲车、挖掘机、水泵生产交通工具有一个得1分，最后加总。	2.83	1.74	3.22	1.81	2.67	1.68
金融资本							
融资渠道	是否从亲朋、银行、政府处借到（贷到）款，是=1，否=0，然后累加得分。	0.62	0.02	1.03	0.05	0.49	0.02

变量类型及名称	取值与含义	总样本		移民		当地农户	
		均值或百分比	标准差	均值或百分比	标准差	均值或百分比	标准差
人力资本							
劳动力数量	家庭中除学生以外的18岁以上的人口均视为劳动力，65岁以上的视为0.5个劳动力。	2.93	1.33	3.31	1.30	2.80	1.32
劳动力平均年龄（岁）	—	51.53	25.18	50.10	20.20	52.11	26.94
劳动力平均受教育程度（年）	家庭劳动力总的受教育年限除以劳动力人数（文盲=0年，小学=5年，初中=8年，高中、技校=11年，大专及以上=14年）。	6.12	2.79	5.92	2.39	6.05	2.91
手艺和技术培训	有=1，无=0	0.25	0.43	0.27	0.44	0.24	0.42
	有=1，无=0	0.24	0.42	0.31	0.46	0.21	0.41
劳动力平均健康状况	好=1.00，一般=0.50，不好=0.00	0.87	0.28	0.86	0.26	0.87	0.29
家庭中有外出务工经历人数（人）	—	0.83	0.88	0.97	0.91	0.78	0.87
最远足迹	到过外县=1，只到过本县=0	0.43	0.49	0.46	0.49	0.43	0.49

续表

变量类型及名称	取值与含义	总样本		移民		当地农户	
		均值或百分比	标准差	均值或百分比	标准差	均值或百分比	标准差
社会资本							
人情费用开支（元）	—	2360.89	3300.55	3678.61	4957.42	2008.87	2582.44
亲戚中有无村干部及国家公务员	有=1，没有=0	0.24	0.43	0.25	0.43	0.25	0.43
急需大笔开支可求助户数（户）	—	4.33	4.03	4.46	3.85	4.29	4.10
通信费用（元）	—	111.93	117.55	144.38	134.84	98.64	106.95
参加专业合作协会	参加=1，没参加=0	0.05	0.21	0.07	0.24	0.04	0.19
户主宗教信仰	有=1，无=0	0.07	0.25	0.04	0.19	0.09	0.27
集体事务参与程度（%）							
低		79.33		31.76		82.03	
一般		13.85		38.51		11.45	
高		6.82		29.73		6.52	

1. 生计资本对当地农户经济收入的影响

在表 7-2 "当地农户"模型中,我们可以看到当地农户的自然资本、物质资本、人力资本和社会资本均对其家庭经济收入有显著的影响。自然资本中的人均耕地面积每增加 1 亩,当地农户的家庭经济收入(对数)就增加 0.08 个单位。物质资本中的生产、交通工具得分每增加 1 分,当地农户的家庭经济收入(对数)就增加 0.23 个单位。

在人力资本方面,家庭劳动力平均年龄、劳均受教育程度、培训、家庭中有外出务工经历人数和最远足迹是显著影响家庭经济收入的因素。教育对农户提高经济收入具有明显的改善作用,但是家庭受教育的状况对经济收入的改善作用有较大差异。在研究中,最初用家庭成员整体的受教育程度来分析教育对农户家庭经济收入的影响,发现和以往的研究结果不同,家庭成员整体的受教育程度对于农户家庭经济收入的影响并不显著,但是家庭劳动力平均受教育程度是显著的。即教育对家庭经济收入的影响主要体现在劳动力身上,劳动力受教育程度越高,家庭经济收入状况越好。家庭劳动力平均年龄对经济收入具有显著的影响作用,家庭劳动力平均年龄每增加 1 岁,家庭经济收入(对数)就降低 0.01 个单位。家庭成员中参加过培训的家庭经济收入是没有参加过培训的家庭经济收入的 0.31 倍。有外出务工经历人数和最远足迹对经济收入有显著的正向影响。家庭中有外出务工经历人数对增加家庭经济收入有显著的正向影响,回归结果显示,外出务工经历人数每增加 1 人,家庭经济收入(对数)就增加 0.46 个单位。最远足迹方面,那些去过县城以外的家庭收入(对数)的平均值是最远只到过本县家庭的 0.28 倍。

在社会资本方面,人情费用开支、通信费用、参加专业合作协会、户主宗教信仰和集体事务的参与水平是显著影响当地农户家庭经济收入的因素,即社会资本中的 7 个因素中有 5 个因素对家庭经济收入产生显著的影响作用。从回归的结果来看,参加专业合作协会的家庭收入(对数)是没有参加专业合作协会的 0.81 倍;户主的宗教信仰对农户家庭的经济收入也有着显著的影响,户主信仰宗教的家庭经济收入

（对数）是没有信仰宗教农户的 0.39 倍；与集体事务参与程度低的农户相比，参与水平一般的农户是其家庭经济收入（对数）的 0.38 倍，参与水平高的农户是其家庭经济收入（对数）的 0.62 倍。除此之外，人情费用开支在中国社会中体现着社会网络的规模和交往的质量，通信费用在很大程度上体现着农户社会关系网络规模的广度和信息交流的频繁程度，这两个因素对农户家庭收入也有显著的影响作用。

表 7-2　生态移民和当地农户经济收入回归模型估计结果

变　量	生态移民		当地农户	
	系数	标准差	系数	标准差
自然资本				
人均耕地面积	0.01	0.009	0.08***	0.006
人均林地面积	0.00	0.003	0.01	0.001
物质资本				
住房情况	0.06	0.075	0.02	0.214
生产、交通工具	0.18**	0.100	0.23***	0.112
金融资本				
融资渠道	0.68***	0.169	0.13	0.092
人力资本				
劳动力数量	0.12	0.128	0.05	0.012
劳动力平均年龄	−0.01	0.008	−0.01***	0.011
劳均受教育程度	−0.01	0.068	0.08***	0.066
手艺和技术	−0.21	0.345	−0.05	0.102
培训	0.55*	0.360	0.31**	0.308
劳动力平均健康状况	0.56	0.561	0.19	0.144
家庭中有外出务工经历人数	0.32*	0.208	0.46***	0.068
最远足迹	0.36	0.364	0.28***	0.115
社会资本				
人情费用开支	0.00	0.000	0.00***	0.000

变量	生态移民		当地农户	
	系数	标准差	系数	标准差
亲戚中有无村干部及国家公务员	0.21	0.332	0.03	0.096
急需大笔开支可求助户数	-0.04	0.037	0.01	0.010
通信费用	0.00	0.001	0.01**	0.000
参加专业合作协会	0.23	0.575	0.81***	0.214
户主宗教信仰	1.62**	0.664	0.39**	0.151
集体事务参与程度一般	0.22	0.334	0.38**	0.392
集体事务参与程度高	0.51	0.370	0.62**	0.402
常数项	6.04***	1.189	5.32***	0.925
样本量	296		996	
F 值	3.83		21.43	
R-squared	0.227		0.296	
Adj-squared	0.168		0.284	

注：***、**和*分别表示在 1%、5%和 10%水平上的显著性。

2. 生计资本对生态移民家庭经济收入的影响

在表 7-2 "生态移民"模型中，我们可以看到生态移民户的物质资本、金融资本、人力资本和社会资本均对其家庭经济收入有显著的影响。物质资本中的生产、交通工具得分每增加 1 分，生态移民家庭经济收入（对数）就增加 0.18 个单位，但其影响程度要弱于对当地农户的影响。金融资本中的融资渠道得分每增加 1 分，生态移民家庭经济收入（对数）就增加 0.68 个单位。

在人力资本方面，通过对比我们可以发现，移民和当地农户人力资本的各项因素对家庭收入的影响有很大的不同。具体表现为：家庭劳动力平均年龄、劳均受教育程度和最远足迹不再是影响家庭收入的显著因素。培训和家庭中有外出务工经历人数这两个因素对移民家庭经济收入产生显著的影响作用。回归结果显示，参加过培训的农户家庭经济收入（对数）是没有参加过培训的 0.55 倍；外出务工经历人数每增加 1 人，家庭经济收入（对数）就增加 0.32 个单位，但这一因素的影响程度和显著度均弱于当地农户。除了这两个因素之外，其他因素对移民家庭收入不再有显著影响，某些因素甚至还降低经济收入的水平，生态移民的人力资本出现了失灵现象，即移民以往的人力资本积累（受教育程度、最远足迹所形成的经验和见识）对他们的收入水平不再发挥作用。通过对样本中的当地农户和生态移民分别进行研究，与胡静的研究结果一致，当地农户的人力资本效用符合传统人力资本理论的解释，而移民的人力资本却产生了失灵现象。移民和当地农户在同样的生产经营环境中，人力资本对家庭经济收入的影响却有很大的差异。因此我们可以认为，生态移民的人力资本失灵是由于搬迁后离开了世代熟悉的生产方式与环境，处于弱势地位的移民原来积累的人力资本不能有效帮助其利用安置地陌生环境中的资源和机会，其原来经由教育所习得的知识和社会见识在面对陌生的生产方式和生产条件时不能有效发挥作用，人力资本对家庭经济收入的贡献大大降低。同时，生态移民原有的人力资本积累之所以不能正常发挥作用，还有一个重要的原因是当前我国西部贫困山区的劳动力市场发育还不够完善，其所拥有的知识和经验没有机会得到运用。

在社会资本方面，通过对比可以发现，移民和当地农户社会资本的各项因素对家庭收入的影响也有很大的不同，仅有户主宗教信仰对家庭经济收入产生显著的影响，户主有宗教信仰的家庭经济收入（对数）是户主没有宗教信仰农户的 1.62 倍。通信费用、参加专业合作协会和集体事务参与程度对家庭经济收入不再产生影响，社会资本也出现了失灵现象。通信费用这一代表社会关系网络广度的指标失灵说明，移民搬迁对其原有积累的微观社会资本效应产生了约束，原有的社会网络由于搬迁发生了断裂，产生了功能性中断。在宏观社会资本方面，参加专业合作协会和集体事务参与程度功能失灵说明移民在当地社会的资源分配和发展机会的获取方面还处于弱势地位，尽管参加了专业合作协会，有机会参与集体事务，但不能使最终的决策都能够有利于自身的经济发展。

（二）生计资本对不同搬迁阶段生态移民家庭经济收入的影响

在表 7-3 中，我们发现搬迁年限在 3 年及 3 年以下的移民户，自然资本、物质资本和金融资本、人力资本和社会资本均对其家庭经济收入产生显著的影响。自然资本中的人均林地面积每增加 1 亩，移民的家庭经济收入（对数）就增加 0.02 个单位。物质资本中的生产、交通工具得分每增加 1 分，移民的家庭经济收入（对数）就增加 0.18 个单位。金融资本中的融资渠道得分每增加 1 分，生态移民家庭经济收入（对数）就增加 0.67 个单位。人力资本中只有家庭中有外出务工经历人数这一因素对家庭经济收入的恢复有显著的影响。回归结果显示，家庭中有外出务工经历人数每增加 1 人，家庭经济收入（对数）就增加 1.21 个单位。社会资本中只有宏观社会资本中的户主宗教信仰这一因素对家庭经济收入的恢复有显著的影响。回归结果显示，户主有宗教信仰的家庭经济收入（对数）是户主没有宗教信仰移民户的 2.34 倍。人力资本和社会资本对家庭经济收入的改善存在着严重的失灵现象。

搬迁年限在 3 年以上的移民，金融资本、人力资本和社会资本对其家庭经济收入有着显著的影响。金融资本中的融资渠道得分每增加 1 分，生态移民家庭经济收入（对数）就增加 0.55 个单位。人力资本中的劳动力数量、培训、家庭中有外出务工经历人数和最远足迹对家庭经济收入的恢复具有显著影响。回归结果显示，移民家庭劳动力数量每增加 1 人，家庭经济收入（对数）就增加 0.32 个单位；参加过培训的移民家庭经济收入（对数）是没有参加过培训的 0.96 倍；家庭中有外出务工经历人数每增加 1 人，家庭经济收入（对数）就增加 0.56 个单位；最远足迹方面，那些去过县城以外的移民家庭收入（对数）的平均值是最远只到过本县家庭的 0.82 倍。社会资本方面，宏观社会资本中的参加专业合作协会和集体事务参与程度两个因素对移民家庭经济收入产生显著影响。从回归的结果来看，参加专业合作协会的移民家庭收入（对数）是没有参加专业合作协会的 0.98 倍；与集体事务参与程度低的生态移民户相比，参与水平高的生态移民户是参与水平低的移民家庭经济收入（对数）的 0.95 倍。

通过上述分析，我们发现，金融资本对不同搬迁时段的生态移民家庭经济收入均有着显著的影响。同时，在生态移民的人力资本和社会资本失灵方面，发现随着安置时间的推移，移民的人力资本逐渐找到适合的条件而得以发挥效应；社会资本中的宏观社会资本的功能也得以发挥，说明随着对当地生产生活的适应和社会融入，对公共组织和公共事务参与能够起到促进生计恢复的实质性正向效用，但微观社会资本的失灵现象仍然没有得到改善，这也说明搬迁对移民的社会网络具有较大的破坏性。

表 7-3　不同搬迁阶段的移民收入回归模型估计结果

变量	3 年及 3 年以下移民		3 年以上移民	
	系数	标准差	系数	标准差
自然资本				
人均耕地面积	−0.01	0.013	0.02	0.031
人均林地面积	0.02**	0.008	0.00	0.003
物质资本				
住房情况	−0.07	0.114	−0.05	0.105
生产、交通工具	0.18*	0.149	0.12	0.140
金融资本				
融资渠道	0.67**	0.267	0.55**	0.219
人力资本				
劳动力数量	−0.10	0.197	0.37**	0.183
劳动力平均年龄	−0.01	0.013	−0.01	0.009
劳均受教育程度	0.07	0.099	−0.07	0.091
手艺和技术	0.17	0.528	0.14	0.483
培训	0.09	0.518	0.96**	0.496
劳动力平均健康状况	0.20	0.825	0.72	0.764
家庭中有外出务工经历人数	1.21***	0.328	0.56**	0.252

变量	3年及3年以下移民		3年以上移民	
	系数	标准差	系数	标准差
最远足迹	-0.01	0.553	0.82*	0.472
社会资本				
人情费用开支	0.00	0.000	0.00	0.000
亲戚中有无村干部及国家公务员	0.12	0.483	0.34	0.465
急需大笔开支可求助户数	-0.06	0.058	-0.09	0.048
通信费用	0.00	0.002	0.00	0.001
参加专业合作协会	0.13	0.763	0.98*	0.921
户主宗教信仰	2.34**	0.819	-0.88	1.411
集体事务参与程度一般	0.03	0.475	0.07	0.477
集体事务参与程度高	0.05	0.557	0.95**	0.506
常数项	5.81***	1.879	6.98***	1.482
样本量	161		135	
F 值	3.48		2.04	
R-squared	0.345		0.275	
Adj-squared	0.246		0.161	

注：***、**和*分别表示在 1%、5%和 10%水平上的显著性。

（三）生计资本对不同生计恢复策略生态移民家庭经济收入的影响

生计策略为农业为主型的移民户，自然资本、人力资本和社会资本对其家庭经济收入产生显著的影响效应，金融资本和物质资本对家庭经济收入没有显著的影响。自然资本中的人均耕地面积每增加 1 亩，移民家庭经济收入（对数）就增加 0.19 个单位；人均林地面积每增加 1 亩，移民家庭经济收入（对数）就增加 0.03 个单位。人力资本中只有最远足迹这一因素对家庭经济收入的恢复有显著的影响。回归结果显示，那些去过县城以外的移民家庭收入（对数）的平均值是最远只到过本县家庭的 2.26 倍。社会资本中只有亲戚中有无村干部和国家公务员这一因素对家庭经济收入的恢复有显著的影响。从回归结果来看，亲戚中的村干部和国家公务员人数每增加 1 人，移民家庭的经济收入（对数）就增加 1.36 个单位。

生计策略为非农为主型的移民户，物质资本、人力资本和社会资本对其家庭经济收入产生显著的影响。物质资本中的生产、交通工具得分每增加 1 分，移民的家庭经济收入（对数）就增加 0.22 个单位。人力资本中只有劳均受教育程度这一因素对家庭经济收入的恢复有显著的影响。从回归结果来看，劳动力平均受教育程度每增加 1 年，移民家庭经济收入（对数）就增加 0.08 个单位。社会资本中只有急需大笔开支可求助户数这一因素对家庭经济收入的恢复有显著的影响。回归结果显示，急需大笔开支可求助户数每增加 1 户，移民家庭经济收入（对数）就增加 0.07 个单位。

生计策略为生计多样型的移民户，物质资本、人力资本和社会资本对其家庭经济收入产生显著的影响。物质资本中的住房情况每增加 1 分，移民的家庭经济收入（对数）就增加 0.10 个单位。人力资本中有劳均受教育程度、培训、劳动力平均健康状况和最远足迹这 4 个因素对家庭经济收入的恢复有显著的影响。从回归结果来看，劳动力平均受教育程度每增加 1 年，移民家庭经济收入（对数）就增加 0.09 个单位；参加过培训的移民家庭经济收入（对数）是没有参加过培训的 0.52 倍；家庭中有外出务工经历人数每增加 1 人，家庭经济收入（对数）就增加 1.43 个单位；那些去过县城以外的移民家庭收入（对数）的平均值是最远只到过本县家庭的 0.41 倍。社会资本中有户主宗教信仰和集体事务参与程度一般这两个因素对家庭经济收入的恢复有显著的影响。回归结果显示，户主有宗教信仰的家庭经济收入（对数）是户主没有宗教信仰移民户的 0.70 倍；与集体事务参与程度低的生态移民户相比，参与水平一般的生态移民户是参与水平低的移民家庭经济收入（对数）的 0.53 倍。

上述论证表明，自然资本对农业为主型的移民家庭经济收入有着显著的影响，物质资本对非农为主型和生计多样型的移民家庭经济收入有显著的影响。以农业为主型和非农为主型作为生计策略的生态移民，其人力资本和社会资本均存在着比较严重的失灵现象。生计策略为生计多样型的移民，其人力资本和社会资本的失灵现象出现了差异，在人力资本方面表现出部分失灵，这一类家庭的人力资本效用基本上符合传统人力资本理论，对收入的贡献是具有积极作用的；在社会资本方面仍然表现出一定的失灵现象，除了宏观社会资本的两个因素发挥作用以外，其他因素均没有发挥显著的影响效应。

表 7-4　不同生计恢复策略的移民收入回归模型估计结果

变量	农业为主型移民		非农为主型移民		生计多样型移民	
	系数	标准差	系数	标准差	系数	标准差
自然资本						
人均耕地面积	0.19**	2.02	0.06	0.035	0.00	0.004
人均林地面积	0.03**	2.14	−0.01	0.003	−0.00	0.001
物质资本						
住房情况	−0.11	−0.65	0.07	0.067	0.10*	0.056
生产、交通工具	0.17	0.73	0.22**	0.084	0.04	0.079
金融资本						
融资渠道	0.45	1.12	−0.06	0.146	0.05	0.131
人力资本						
劳动力数量	0.37	1.23	−0.06	0.119	0.02	0.093
劳动力平均年龄	−0.01	−0.48	−0.01	0.009	−0.01	0.007
劳均受教育程度	−0.06	−0.44	0.08*	0.060	0.09*	0.066
手艺和技术	−0.41	−0.5	0.32	0.297	−0.13	0.230
培训	0.01	−0.02	−0.44	0.309	0.52**	0.239
劳动力平均健康状况	−0.20	−0.2	−0.14	0.502	1.43***	0.515
家庭中有外出务工经历人数	0.55	0.95	0.10	0.180	0.12	0.160
最远足迹	2.26**	−2.01	0.41	0.308	0.41*	0.240
社会资本						
人情费用开支	−0.00	−0.91	0.00	0.000	0.01	0.000
亲戚中有无村干部及国家公务员	1.36*	1.74	0.07	0.267	0.03	0.255

变量	农业为主型移民		非农为主型移民		生计多样型移民	
	系数	标准差	系数	标准差	系数	标准差
急需大笔开支可求助户数	-0.09	-1.29	0.07**	0.035	0.03	0.028
通信费用	-0.00	-1.28	0.01	0.001	0.01	0.001
参加专业合作协会	0.51	0.47	0.21	0.202	0.01	0.355
户主宗教信仰	2.14	1.54	0.51	0.831	0.70*	0.381
集体事务参与程度一般	0.97	1.31	0.07	0.269	0.49*	0.267
集体事务参与程度高	1.08	1.29	0.01	0.298	-0.22	0.265
常数项	5.49**	2.03	6.83***	1.146	7.39***	0.879
样本量	98		95		103	
F 值	2.55		2.60		2.95	
R-squared	0.413		0.397		0.434	
Adj-squared	0.251		0.265		0.287	

注：***、**和*分别表示在 1%、5%和 10%水平上的显著性。

（四）生计资本对不同安置方式生态移民家庭经济收入的影响

安置方式为集中安置的移民户，物质资本、金融资本、人力资本和社会资本对其家庭经济收入产生显著的影响。物质资本中的生产、交通工具得分每增加 1 分，移民的家庭经济收入（对数）就增加 0.18 个单位。金融资本中的融资渠道得分每增加 1 分，生态移民家庭经济收入（对数）就增加 0.72 个单位。人力资本中有培训和家庭中有外出务工经历人数这两个因素对家庭经济收入的恢复有显著的影响。回归结果显示，参加过培训的移民家庭经济收入（对数）是没有参加过培训的 0.68 倍；家庭中有外出务工经历人数每增加 1 人，家庭经济收入（对数）就增加 0.39 个单位。社会资本中有急需大笔开支可求助户数和户主宗教信仰这两个因素对家庭经济收入的恢复有显著的影响。从回归结果来看，急需大笔开支可求助户数每增加 1 户，家庭经济收入（对数）就增加 0.08 个单位；户主有宗教信仰的家庭经济收入（对数）

是户主没有宗教信仰移民户的 1.81 倍。

　　安置方式为分散安置的移民户，金融资本、人力资本和社会资本对其家庭经济收入产生显著的影响。金融资本中的融资渠道得分每增加 1 分，生态移民家庭经济收入（对数）就增加 0.59 个单位。人力资本中有劳动力平均年龄这一因素对家庭经济收入的恢复有显著的影响。回归结果显示，家庭劳动力平均年龄每增加 1 岁，家庭经济收入（对数）就降低 0.02 个单位。社会资本中有集体事务参与程度高这一因素对家庭经济收入的恢复有显著的影响。回归结果显示，与集体事务参与程度低的生态移民户相比，参与程度高的生态移民户是参与程度低的移民家庭经济收入（对数）的 1.40 倍。

　　通过上述分析，我们发现，无论是集中安置的移民户还是分散安置的移民户，金融资本均对其家庭经济收入均有显著的影响。分散安置的移民户，其人力资本和社会资本发生了严重的失灵现象，人力资本和社会资本中分别只有一个因素有了显著的影响。集中安置的移民户，其人力资本和社会资本也有较严重失灵现象，但比分散安置的移民户失灵的程度小一些。值得注意的是，在集中安置移民户的社会资本中，微观社会资本的一项因素产生了显著的影响，这是具有积极意义的，说明集中安置的方式对移民的微观社会网络重构发挥了积极的作用。

表 7-5　不同安置方式的移民收入回归模型估计结果

变量	集中安置移民		分散安置移民	
	系数	标准差	系数	标准差
自然资本				
人均耕地面积	-0.00	0.011	0.02	0.076
人均林地面积	0.01	0.005	-0.01	0.004
物质资本				
住房情况	-0.06	0.093	-0.00	0.165
生产、交通工具	0.18*	0.115	0.12	0.312
金融资本				
融资渠道	0.72***	0.201	0.59***	0.424

变量	集中安置移民		分散安置移民	
	系数	标准差	系数	标准差
人力资本				
劳动力数量	0.12	0.144	-0.10	0.396
劳动力平均年龄	0.00	0.010	-0.02*	0.016
劳均受教育程度	-0.01	0.085	0.06	0.132
手艺和技术	-0.19	0.434	-0.47	0.737
培训	0.68**	0.418	0.39	0.899
劳动力平均健康状况	0.61	0.677	0.33	1.159
家庭中有外出务工经历人数	0.39*	0.246	0.19	0.459
最远足迹	0.43	0.431	0.44	0.828
社会资本				
人情费用开支	0.00	0.000	0.00	0.000
亲戚中有无村干部及国家公务员	0.22	0.384	0.31	0.753
急需大笔开支可求助户数	0.08*	0.043	0.09	0.078
通信费用	0.00	0.001	0.00	0.003
参加专业合作协会	0.19	0.729	1.34	1.010
户主宗教信仰	1.81**	0.711	0.92	0.438
集体事务参与程度一般	0.02	0.400	0.33	0.772
集体事务参与程度高	0.25	0.445	1.40**	0.791
常数项	5.67***	1.544	6.48***	2.232
样本量	228		68	
F 值	2.92		1.54	
R-squared	0.242		0.325	
Adj-squared	0.165		0.157	

注：***、**和*分别表示在 1%、5%和 10%水平上的显著性。

第二节　搬迁对生态移民收入依赖性指数的影响

一、搬迁户与非搬迁户收入依赖性指数

为了应对环境变化带来的不适，农户选择通过各种不同的社会经济生产活动来丰富自己的收入来源与收入，即生计多样性策略。农户实现生计多样化的策略受到很多因素的影响制约，如资本占有量可持续性、资源配置、准入障碍和制度等很多方面。但是在我国自然灾害频发的农村地区，各类收入占家庭收入的比重存在很大的差异，尤其是农户各类生产活动的不均衡性使农户处在一个潜在的风险之中。因此，农户生计后果的分析包含两部分：一部分是分析农户家庭收入的多样性指数，用来反映农户家庭收入的多样性水平，如果多样性指数低则表明农户的收入结构不稳定；另一部分是计算农户是否存在对特定收入的依赖性指数，如果依赖性指数高则表明农户的收入结构存在风险。

在这里，我们假设某农户的家庭收入来源形式有 S 种，用 $A1$，$A2$，…，As 表示，农户家庭收入中的每一元收入属于且仅且属于 S 种收入中一种特定的收入来源。这样，Pi 就可以表示随机从农户的总收入中拿出一元属于 Ai（$i=1$，2，…，S）种收入的概率。本书中我们使用 Shannon-Wiener 指数作为农户收入的多样性测量。

收入的多样性指数可以表示为：

$$D_{\text{income}} = -\sum_{i=1}^{S} P_i \ln Pi \qquad (7\text{-}9)$$

式中：D_{income} 为收入多样性指数；

Pi 为总收入中拿出一元属于 Ai 种收入的概率。

收入的多样性指数越高，则说明该农户家庭的收入来源越广，同时各种生计活动的收入在家庭总收入中所占据的比重也比较均匀。也

就是说，外部环境的改变致使农户家庭某种收入的严重减少并不会对农户家庭的正常生活产生严重的影响。这样的农户在不确定的环境中家庭经济结构更具有稳定性。

同样，我们假设某农户的家庭收入来源形式有 S 种，其家庭总收入为 N 元（其中 Ni 元为第 i 种收入，$i=1$，2，$\cdots$，s，并且 $\Sigma Ni = N$）。在农户 N 元总收入中，我们先后随机拿出 2 元并且不再放回。如果拿出的这 2 元钱属于同一种生计收入 i 的概率越大，则表明该农户对第 i 种生计收入的依赖水平越高。同时也说明，该农户面临的潜在风险也就越高。换种说法，就是农户在增加收入来源的同时，也需要缩小各种生计活动收入之间的差距，才能减少潜在的风险。收入依赖性指数公式为：

$$\lambda_{income} = \sum_{i=1}^{s} \frac{Ni(Ni-1)}{N(N-1)} \tag{7-10}$$

式中：λ_{income} 为收入依赖指数；

Ni/N 为第 i 种收入来源第 1 次被抽中的概率；

（$Ni-1$）/（$N-1$）为第 i 种收入来源第 2 次被抽中的概率。

通过公式（$D_{income}\lambda_{income}$）计算出农户的收入多样性指数和收入依赖性指数。收入多样性指数越高，说明农户的家庭收入结构越稳定，农户家庭经济系统所表现出的抗打击能力越强，农户家庭的经济系统在环境发生改变后可以更快地恢复到理想状态。表 7-6 描述了非搬迁户与搬迁户，非集中安置户与集中安置户收入多样性指数，收入依赖性指数的大小，可以看出，搬迁户的收入多样性指数显著高于非搬迁户，集中安置户的收入多样性指数显著低于非集中安置户。收入依赖性指数则反映了农户对特定生计活动收入的依赖程度。收入依赖性指数的取值范围为 0～1，收入依赖性指数越接近 1，则说明农户对家庭收入中的某一项生计活动收入的依赖性越强，如果外界环境影响了这项生计活动的收入，那么这项收入的损失农户自身就很难用其他收入来弥补，农户将会很难适应新的环境。从收入依赖性指数来看，非搬迁户的依赖性指数高于搬迁户，集中安置户的依赖性指数显著高于非搬迁户。说明搬迁工程在一定程度上改善了农户的收入结构，降低了农户对某一项生计活动的依赖，增强了农户家庭经济系统的抗打击能力，同时减少了某一项收入变化时带来的潜在风险。另外，也可以看出，非集中安置的方式也有利于增加搬迁户的收入多样性，减少收入依赖性。

表 7-6　非搬迁户与搬迁户，非集中安置户与集中安置户
收入多样性、收入依赖性对比

自变量	总体		非搬迁户		搬迁户		t 检验	非集中安置户		集中安置户		t 检验
	均值	标准差	均值	标准差	均值	标准差		均值	标准差	均值	标准差	
收入多样性	0.44	0.41	0.42	0.41	0.50	0.41	**	0.62	0.40	0.43	0.40	**
收入依赖性	0.70	0.28	0.71	0.29	0.68	0.26	ns	0.62	0.25	0.72	0.26	**
样本量	1404		996		408			152		256		

注：***，$p<0.001$；**，$p<0.01$；*，$p<0.05$；+，$p<0.1$；ns，不显著。

二、移民搬迁对农户收入依赖性指数的影响

在讨论搬迁工程对农户生计后果（收入多样性和收入依赖性）的影响时，首先以搬迁户和非搬迁户总体作为研究对象，选取是否搬迁作为自变量，看搬迁工程对农户的生计后果影响；然后再以搬迁户作为研究对象，选取是否是集中安置为自变量，看不同的安置方式对农户生计后果的影响。回归模型除了搬迁的自变量以外，还加入了家庭结构、自然资本、物质资本、金融资本、社会资本、人力资本和社会因素等自变量。因变量分别为收入多样性指数和收入依赖性指数，都是连续的数值型变量，所以采用 OLS 多元线性回归分析。OLS 多元线性回归分析研究的是一组解释的自变量和一个被解释的因变量之间的相互影响关系，它要求必须是连续的解释变量作为因变量，自变量则可以是分类变量也可以是连续变量，如果自变量是分类变量，需要采用使用虚拟变量来回归解决问题。

表 7-7 以搬迁户和非搬迁户总体作为研究对象，描述了搬迁工程

对农户收入多样性指数和收入依赖性指数的影响。可以看出，对于收入多样性指数，调整后的 R^2 为 0.163，收入依赖性指数调整后的 R^2 为 0.024，说明该模型所有的自变量解释了 16% 的收入多样性指数，解释了 3% 的收入多样性指数。在 0.05 的显著性水平下，该模型很显著。

在控制了农户家庭结构、自然资本、物质资本、金融资本、社会资本、人力资本、社区因素的情况下，搬迁户的收入多样性指数比非搬迁户高 0.105，收入依赖性指数则比非搬迁户低 0.036，表明搬迁工程的实施对增加农户收入多样性有显著的积极的正向作用，对降低农户收入依赖性指数有显著的负向作用。这说明，搬迁工程不仅有利于增强农户家庭收入系统的稳定性，而且增强了农户面对环境变化时自我恢复的能力。

在其他因素不变的情况下，在家庭结构中，女性劳动力比例增加一个单位，收入多样性指数就增加 0.096，收入依赖性指数减少 0.046，说明在陕南安康地区，女性劳动力在家庭收入中是比较重要的。

在五个资本中，农户拥有的实际林地面积每增加一个单位，收入多样性指数就增加 0.001。每户接受过非农培训的人数每增加一个单位，收入多样性指数增加 0.040，收入依赖性指数减少 0.014。另外，农户实际拥有的耕地面积、物质资本、金融资本对收入多样性指数均有显著的正向影响。社区因素中临近保护区的距离每增加一个单位，收入多样性指数减少 0.115，收入依赖性指数增加 0.062。其他的社会资本、人力资本中的劳动能力及户均受教育水平，农户所在村到镇上的距离对收入多样性指数和收入依赖性指数的影响均不显著。

表 7-7　搬迁对收入多样性指数、收入依赖性指数影响的
OLS 回归结果（样本量：1404）

自变量	收入多样性指数	显著性	收入依赖性指数	显著性
搬迁户	0.105	***	−0.036	*
家庭结构				
女性劳动力比例	0.090	*	−0.046	ns

自变量	收入多样性指数	显著性	收入依赖性指数	显著性
户主年龄（>50 岁）				
20~35 岁	−0.013	ns	0.019	ns
35~50 岁	−0.046	*	0.028	ns
自然资本				
户实际耕地面积	0.012	***	−0.002	ns
户实际林地面积	0.001	***	−0.000	*
物质资本				
人均住房面积（<20 m²）				
20~40 m²	0.078	**	−0.010	ns
>40 m²	0.047	ns	−0.003	ns
自有资产	0.263	***	0.028	ns
金融资本				
融资渠道	0.026	*	−0.006	ns
社会资本				
干部网	−0.002	ns	−0.001	ns
借钱网	−0.000	ns	0.001	ns
人力资本				
劳动能力	0.054	ns	0.021	ns
户均受教育年限	0.009	ns	−0.000	ns
非农培训的人数	0.040	***	−0.014	**
社区因素				
临近保护区	−0.115	***	0.062	***
到镇上距离	0.000	ns	0.001	ns
R^2	0.163	***	0.024	***

注：表中系数为标准化系数；***，$p<0.01$；**，$p<0.05$；*，$p<0.1$；ns，不显著。

表 7-8 以搬迁户总体作为研究对象，描述了安置方式对农户收入多样性指数和收入依赖性指数的影响。同样，控制了农户家庭结构、自然资本、物质资本、金融资本、社会资本、人力资本和社区因素之

后。对于收入多样性指数，调整后的 R^2 为 0.265，收入依赖性指数调整后的 R^2 为 0.217，说明该模型所有的自变量解释了 27%的收入多样性指数，解释了 22%的收入多样性指数。在 0.05 的显著性水平下，该模型很显著。

可以看出，在其他因素不变的情况下，集中安置户的收入多样性指数比非集中安置户低 0.217，收入依赖性指数比非集中安置户高 0.131。说明非集中安置的方式更有利于改善农户家庭经济系统的稳定性。

在控制了其他因素之后，对于搬迁户，户主的年龄，家庭实际拥有的林地面积对收入多样性指数和收入依赖性指数仍有显著影响。物质资本、社会资本对收入多样性指数和收入依赖性指数无显著影响。金融资本中融资渠道每增加一个单位，收入多样性指数增加 0.096，收入依赖性指数减少 0.054。人力资本中，家庭的受教育年限每增加一个单位，搬迁户的收入多样性指数增加 0.029；家庭中参加过非农培训的人数每增加一个单位，收入多样性指数增加 0.017。综合来看，五个资本除了社会资本中的借钱网和人力资本中的劳动能力以外，都对收入多样性指数的增加有促进作用，对收入依赖性指数有负向作用。

另外，社区因素对搬迁户的收入多样性指数和收入依赖性指数都无显著影响。

表 7-8　安置方式对收入多样性指数、收入依赖性指数影响的 OLS
回归结果（样本量：408）

自变量	收入多样性指数	显著性	收入依赖性指数	显著性
集中安置户	-0.217	***	0.131	***
家庭结构				
女性劳动力比例	-0.087	ns	0.048	ns
户主年龄(>50 岁)				
20～35 岁	-0.108	ns	0.047	ns
35～50 岁	-0.123	***	0.046	ns
自然资本				
户实际耕地面积	0.007	ns	-0.002	ns
户实际林地面积	0.003	***	-0.002	***

自变量	收入多样性指数	显著性	收入依赖性指数	显著性
物质资本				
人均住房面积				
（<20 m²）				
20~40 m²	0.094	ns	-0.078	**
>40 m²	0.010	ns	-0.028	ns
自有资产	0.110	ns	0.006	ns
金融资本				
融资渠道	0.096	***	-0.054	***
社会资本				
干部网	-0.022	ns	0.016	*
借钱网	0.002	ns	-0.001	ns
人力资本				
劳动能力	0.100	ns	-0.067	ns
户均受教育年限	0.029	**	-0.013	ns
非农培训的人数	0.017	*	-0.009	ns
社区因素				
集中安置户	-0.217	***	0.131	***
临近保护区	-0.049	ns	0.050	*
到镇上距离	0.000	ns	0.000	ns
R^2	0.265	***	0.217	***

注：表中系数为标准化系数；***，$p<0.01$；**，$p<0.05$；*，$p<0.1$；ns，不显著。

第三节 结论

本章主要基于生态移民生计结果探讨生计资本的效用特征问题，利用陕西省安康市 1292 份农村入户调查数据，实证分析了生计资本对生态移民生计恢复的作用特征，并通过比较人力资本、社会资本对生态移民和当地农户经济收入作用的效应差异发现人力资本、社会资本的失灵问题。具体结论如下：

（1）总体上，物质资本、金融资本、人力资本和社会资本对移民家庭经济收入有显著的影响。但是，搬迁后移民面对新的环境导致人力资本、社会资本对经济收入的改善作用失灵，功能发生中断，即人力资本、社会资本对生态移民生计恢复效果的作用失灵。但是随着移民对当地环境的适应，人力资本和社会资本中的一些因素对移民家庭生计恢复的影响效用得以恢复；在社会资本中，宏观社会资本的效应得以恢复，微观社会资本的效应仍然没有得到恢复，移民搬迁对农户微观社会资本产生了很大的破坏性。

（2）针对不同生计恢复策略的移民，自然资本、人力资本和社会资本对农业为主型的家庭经济收入有显著影响；物质资本、人力资本和社会资本对非农为主型和生计多样型移民家庭的经济收入有着显著影响。不同生计恢复策略的生态移民，其人力资本和社会资本的失灵现象存在一定的差异。生计恢复策略为农业为主型和非农为主型的移民，其人力资本和社会资本存在着严重的失灵现象。生计恢复策略为生计多样型的移民，表现出人力资本的部分失灵，但社会资本仍然表现出严重的失灵现象，除了宏观社会资本的两个因素发挥作用以外，其他因素均没有发挥显著的影响效应。

（3）针对不同安置方式的移民，金融资本、人力资本和社会资本均对移民家庭经济收入产生了显著的影响；两类移民家庭的人力资本和社会资本的失灵现象也存在较大差异。分散安置的移民，其人力资本和社会资本发生了严重的失灵。集中安置的移民，其人力资本和社会资本也有较严重失灵现象，但比分散安置的移民程度小一些。在集中安置移民的社会资本中，微观社会资本的两项因素产生了显著的影响，这说明集中安置的方式对移民的微观社会网络重构发挥了积极的作用。从有利于移民生计恢复的角度来讲，应该大力开展集中安置模式。

本章第二部分对搬迁户和非搬迁户，集中安置户和非集中安置户的收入多样性指数和收入依赖性指数进行了描述性统计分析，并且分析了搬迁工程、安置方式对农户收入多样性指数和收入依赖性指数的影响作用。可以看出：

（1）搬迁户的多样性指数更高，依赖性指数更低，表明搬迁户的家庭经济结构更稳定，收入的潜在风险更低。搬迁户在面对土地缺乏和人口压力的环境下，在面对危机来临的时候，更加需要多样化的生计活动来应对，主要表现在农林业活动和非农活动选择的多样化。农户各个资本禀赋，家庭结构因素和市场等各方面的因素制约了农户的各种生计活动的收入，政策对农户生计资本的获取和生计活动的影响是一个多途径、多因素的复杂过程。在前述分析结果中，搬迁户的各项生计资本、生计活动收入都高于非搬迁户，这些都说明搬迁工程的实施对农户的可持续发展是有益的。

（2）从分析的结果来看，非集中安置户的多样性指数更高，依赖性指数更低，表现出的结果是非集中安置的方式更有利于农户搬迁后的可持续发展。但是，在生计资本方面，集中安置户优于非集中安置户，各项生计活动收入方面，集中安置户也优于非集中安置户。由于集中安置在某种程度上带有被动的性质，在资源的利用方面机会稀缺，直接导致其生计途径和方式比较单一，分散安置的农户在某种程度上带有较大的主动选择的性质，对安置后的可利用资源以及生计方式有更多的考虑和选择。

（3）在五个资本方面，从自然资本来看，在整个总体中，农户占有的实际耕地面积对收入多样性指数有显著的正效应，对收入依赖性指数无显著影响，而在搬迁户中，农户占有的实际耕地面积对搬迁户的收入多样性指数和收入依赖性指数均无显著影响，自然资本虽然对搬迁户的生计活动和生计收入有影响，在生计后果上却无显著影响。因为在当地，大多数的搬迁农户仍旧耕种原来的土地，只有部分条件好的家庭选择以非农经营为主的生计活动，如开办小商店、农家乐或者门面出租等。

在物质资本方面，整体来看，物质资本对农户的收入多样性指数有显著的正效应，对收入依赖性指数无显著影响，而物质资本对搬迁户收入多样性指数和收入依赖性指数均无显著影响。这是因为物质资本对收入多样性的影响主要集中在非搬迁户中，搬迁户在搬迁之后都会购置比较齐全的基本自有资产。在调查中也发现，大多数的搬迁户在搬迁都会将购买耐用消费品的资金节省下来，在搬迁之后购买。

金融资本对农户的收入多样性指数有显著的正效应，对收入依赖性指数无显著影响。金融资本即农户可利用资金的增多，农户更倾向于选择非农生产活动，如家庭副业或外出务工来获得更多的收入，实现生计活动的多样化，减少对某一项生计活动的依赖。另外，金融资本对搬迁户的收入多样性和收入依赖性都有显著的影响，这是由农户在搬迁以后，资金压力及需求增大造成的。

无论是所有的农户还是搬迁户，社会资本中的社会关系网对其收入多样性指数和收入依赖性指数都无显著影响，社会关系网络的规模反映了农户在面临风险的大小和困难时获得支持的多少和所能调动资源的多寡。前面分析的结果显示，搬迁户与非搬迁户的社会关系网没有显著的差异，而且对农户的生计活动选择和生计活动收入也没有显著的影响，不能说明社会资本对农户没有影响，只能说明在当地，由于文化观念和各种现实条件的约束，农户不能有效地利用社会资本来减少突发状况产生的后果。

在人力资本中，家庭的劳动能力只对搬迁户的收入多样性指数和收入依赖性指数有影响，而家庭中非农培训的人数对所有农户的收入依赖性指数有显著的影响，对搬迁户则无显著的影响。因为农户在搬迁后，政府对其工作技术的引导，搬迁户中的成员有非农培训经历现象的比较普遍，而对于普通的农户，除了机会少以外，参加这种培训的意识也较弱。

针对上述分析结果，有如下建议：

一是拓展金融资本来源，降低生态移民的资金需求约束。通过运用财政补贴、提供低息和贴息贷款、免费提供市场服务等手段，增强生态移民的金融资本积累能力。同时，拓展担保融资渠道，引导商业银行、非政府小额信贷机构和民间金融机构提供生态移民生计发展专项贷款，扩大生态移民的金融资本来源。

二是充分发挥培训在移民经济发展中的作用，面向移民积极开展农业生产技能培训和非农经营、外出务工等非农技能培训，通过培训这一途径和手段，让移民获得适应新的生产生活环境所需的技能，使移民拥有在新的环境中获取资源和机会的能力，重新激活移民所积累的人力资本，使其恢复功能。

三是提升移民安置地劳动力的市场化程度，为拥有较好人力资本积累的农户提供施展的平台。同时，提升生态移民本身的健康和教育文化水平，为其技能学习和开展经济活动奠定良好的基础。

四是帮助移民重构社会网络。政府和当地公共组织要通过多种交流活动，加强移民之间、移民与当地农户之间的沟通、交流和信任，以帮助移民融入当地社会，重构移民的社会网络。同时，鼓励移民积极建立和参加各种有利于自身经济发展的专业合作组织，通过专业合作组织提升其利用资源和机会的能力，获得更多的经济发展机会；同时，通过专业合作组织提升移民的可行能力，改变其所处的边缘社会地位，在迁入地获取更多的发展机会。

五是在移民迁入地给予移民和当地农户平等的待遇，使其能够通过参与集体事务这一路径共享公共设施和资源，在有关集体事务的决策中能够满足其合理经济发展需求。

第八章
生态移民的贫困风险研究

　　贫困与可持续生计是一个问题的两个方面，贫困意味着生计不可持续。生态移民搬迁之后，可持续生计的实现是其基本目标，贫困是生计恶化的表现。为了进一步分析生态移民的可持续生计，本章对生态移民搬迁之后可能面临的贫困风险进行研究。

第一节　生态移民贫困风险的内涵与特征

一、生态移民贫困风险的内涵

　　理论上一般将生态移民的贫困风险定义为：由于生态工程项目建设或易地扶贫搬迁等方面的原因，在旧的生产生活体系被破坏、新的体系又未能建立或恢复的情况下，生态移民所面临着的各种致贫的风险。本书认为，生态移民的贫困风险应是一个多方面、长期性的概念，具体表现在以下几方面：

　　第一，生态移民失去各种物质资产而陷入困境。生态移民的资产可以分为非收益性资产和收益性资产。非收益性资产是指在移民的基本衣食住行方面发挥作用的生活资料，包括住房、家用器具等。生活资料的失去，使他们陷入短期困境，但通过赔偿能够得到解决。收益性资产是指能给移民带来持续不断收入的资产，包括土地、农用机具等。由于土地对我国农村移民具备终生保障功能，因此，对失去土地的移民进行货币补助，既不足以体现土地的价值也不足以防范移民在未来重新陷入困境。

第二，生态移民素质较低，缺乏劳动技能和自我发展能力（移民前可能就是贫困人口），移民后不能适应农业生产技能或职业转换而陷入困境。如果得不到改进，移民将长期陷入贫困之中。

第三，移民所在地区经济文化发展的落后阻碍了移民能力的发展而使其陷入困境。比如因教育水平不足造成移民的文化素质低下，不能掌握先进的农业生产技术而陷入贫困或因医疗卫生方面的基础设施不足以保证移民的健康使其失去劳动能力而陷入困境。

所以，我们将生态移民贫困风险的概念定义为：在未来时间内，生态移民面临着在原有生产生活体系遭到破坏后，由于缺乏自我发展能力和改变现状的机会而使其生存权、发展权得不到有效保证的各种现实或潜在的风险，该风险同时还受到生态移民生活环境的影响。该概念与其他定义相比，更强调贫困风险应放在一个长期的范围内进行考虑，未雨绸缪，采取措施主动防范可能导致贫困风险的因素的出现。这也是本章的基本出发点。

二、生态移民贫困风险的特征

生态移民是指因生态环保建设或者自然环境恶化不适宜人口生存而引起的较大数量的、有组织的农村人口迁移及社会重建活动。由于此类搬迁工程往往涉及整村、整乡、整县人口的大规模迁移与社会经济系统重建，所以更区别于其他非自愿移民的独特的复杂性。在我国西部，生态移民的社会背景、价值观念、文化素质、经济条件、生活需求等诸多方面都千差万别，其发展变化受诸多因素影响，而人们的认识能力有限，不可能对其完全把握。但是从长期的实践经验来看，人们对此并非束手无策，可以通过一些定性或定量的方法预测和衡量其发生的概率和后果，为进一步防范和控制风险打下基础。要对生态移民贫困风险的防范进行有效的研究，就必须了解生态移民贫困风险的特征，从而确定研究的方向和选择最有效的方法。根据参考的大量文献资料，我们总结出生态移民风险的以下几个特征：

1. 客观性

生态移民是一项涉及社会各方面的浩大工程，从以往的生态移民可以看到，任何一次生态移民都存在着或多或少的风险。生态移民的安置是一个社会、经济重建过程，决定了移民贫困风险的客观存在。

2. 社会性

生态移民安置是以人为中心的活动，人的社会性决定了生态移民活动的社会性。生态移民活动必须综合考虑社会政治、经济、文化、习俗、环保、就业、安置区的公用设施，以及移民与安置区原有居民的融合问题。生态移民风险存在于社会的方方面面，具有明显的社会性特征。

3. 相关性

一次大规模的生态移民的各种风险并不是孤立存在的，有的风险是另一种风险的诱发因素，而解决好了一种风险往往可以使另外一种风险自动消失。所以，我们在对生态移民进行研究的时候，必须从宏观上去把握移民风险，尽量做到面面俱到。

4. 长期性

生态移民是一个长期而复杂的过程，生态移民安置工作不能在向移民支付补偿费，把他们从原居住地搬迁至安置区后就算结束。在移民的各个阶段都存在不同的风险，如果处理得不好，甚至会影响移民的下一代。

5. 规律性

长期以来，对生态移民风险的研究，逐渐形成了一系列的关于风险及防范的理论和成果，人们开始增强风险意识，重视风险，在实践中对风险进行了有效的控制。所以，生态移民风险具有一定的规律性，通过科学的研究和论证是可以预测的。

第二节　生态移民贫困的分类

生态移民的贫困可从以下两个角度进行分类：

1. 根据贫困类型分类

（1）物质贫困与精神贫困。物质贫困是指由于生态移民的食物、衣服等日常生活用品极度缺乏，以至于个人或家庭不能达到社会可接受的最低生活水平，通常用贫困线加以衡量。我国农村贫困线标准是年人均纯收入 2300 元，低于 2300 元为贫困。精神贫困则是指满足农村移民发展的各种能力和机会的缺乏，包括缺乏教育、医疗等基本公共服务从而影响后续发展能力或因缺乏社会交往机会而得不到社会主流的承认等。精神贫困在一定程度上影响并恶化物质贫困。

（2）内生贫困与外部贫困。内生贫困强调生态移民由于自身能力的不足引起的贫困，在某些方面可以通过自我完善得到解决。外部贫困则强调移民致贫的外在动因，指移民由于在某些方面遭到"社会剥夺"或"社会排斥"，而产生贫困，如生态移民被排斥在"最低生活保障制度"之外。这种贫困只有通过制度安排来解决。

（3）短期贫困与长期贫困。短期贫困指生态移民在某段时间内，由一些在未来可以克服的因素所引起的暂时的贫困。例如，由于因病暂时丧失劳动能力等造成短时期内的困境，可以通过医疗等途径得到缓解或消除。长期贫困则指生态移民致贫的原因不易或不能被消除而导致的贫困。例如，依靠开采自然资源而生存的移民，一旦面临资源匮乏而又寻找不到替代资源或出路，就将陷入长期贫困；又如移民劳动能力的永久丧失，也是引起长期贫困的重要因素。

2. 根据贫困人口分类

（1）原有贫困者，即移民前就处于贫困状态的生态移民。他们通常属于移民中的脆弱群体，如老、弱、病、残以及以妇女为主要劳动力的家庭或单亲母亲家庭或少数民族（家庭）等，由于缺乏发展能力和机会而导致贫困。

（2）移民所致的新贫困者，即移民前生活在贫困线以上，但由于移民破坏了原来的居住条件、收入来源，失去了原来的社交网络、各种权利、机会并且新的生活体系没得到恢复而逐渐或迅速沦为贫困的人口。

（3）移民前已经脱贫但因移民又返贫的贫困者，即原本收入已恢复至贫困线以上但接近贫困线或收入不稳定，因受到移民影响又重新跌落至贫困线以下的人口。

第三节　生态移民贫困风险的现状分析

一、生态移民总体贫困风险的现状分析

生态移民过程无论是从经济还是文化的角度，总是伴随着破坏和痛苦，生态移民常常面临着以下贫困风险：

1. 失去物质资产面临的贫困风险

仅以土地和住房两个大类进行分析：土地是农村人口赖以生存的基本生产资料，历来被视为中国农民安身立命的基本生存保障。生态移民工程建设将会导致移民原有的土地不能耕种或不便耕种。对于那些仅仅具有耕种技能的农民或远离城镇的农民而言，失去土地不仅意味着他们丧失了祖祖辈辈赖以为生的生产资源，还意味着他们面临着失业的风险。生态移民失去土地可能出现以下情况：一是完全失去土地，也就失去了原有的生活来源。二是土地绝对数量减少或相对数量减少（如肥沃的耕地变成贫瘠地）。原来耕地多，生态移民有余粮发展养殖（如养猪），但现在这项收入来源可能因土地减少而中断；又如原来收获的粮食除了上缴各项税费、提留之外，刚够全家人生活之需，但现在土质下降，移民的食物失去了保障。因此，无论是对土地的绝对丧失还是相对丧失，都是造成生态移民贫困最直接的风险。

2. 因自身能力限制而面临的贫困风险

从前述生态移民的收入构成可知，农业生产在移民收入来源中占了很大分量。传统的耕种方法和简单的生产工具（如镰刀、锄头、牛和肩挑背驮）形成了生态移民单一而原始的"生存技能"。如果移民后的土质所要求的耕种方法与原来不一样，如移民原来以种粮为生，但现在新的土地只适合栽种果树，如果原有的生产技能不能适应新的耕

种方式，移民的收入就会急剧下降。移民在长期生活中掌握的单一的农耕技术很可能在移民后完全派不上用场，从而严重制约移民收入水平的恢复，使他们陷入贫困。

同时，生态移民文化素质普遍偏低，自我发展和完善能力差，缺乏发展后劲。尽管失去土地的生态移民得到了非农生产安置，但由于市场与竞争意识淡漠，能力匮乏，他们可能很快会再次失业，因生活来源中断而陷入绝对贫困。

3. 失去（或缺乏）各种机会而面临的贫困风险

首先，生态移民失去原有的社会关系网可能带来贫困风险。在我国农村地区，青年男女的婚姻往往以女方入住男方家庭为主，男方则以小家庭或大家庭形式集中生活在一个村落中，形成了一个特殊的、牢固的社会关系网络。在危难或需要帮助的时候，以男方为主线的亲戚之间互助互济，在某种程度上有利于生态移民防范贫困风险，尤其是在经济不发达的地区或少数民族地区更为突出。典型的少数民族地区，大家庭现象非常普遍，人们之间更加团结，共同抵御各种风险。如果移民采用外迁或分散安置方式，则移民原有的社会关系将解体，再加上因生活规律、风俗习惯等与安置地区不同而影响新的人际交往，减少了移民获得信息和接受他人关心的机会等，移民自信心降低、挫折感增加，也是移民贫困的因素之一。例如，许多采用外迁方式安置的移民，因难以融入当地人的生活体系，而自行返迁回去，但回去后又没有合法的土地来源，从而形成了"生态难民"问题。

其次，生态移民失去利用基础设施和公共服务的机会可能带来贫困风险。农村社区原有的灌溉系统、乡间道路、供电线路等，搬离之后就不可使用，如果新的安置社区还没有建好此类服务设施，既会直接影响移民的生产能力和生活质量，还可能提高移民在某些方面支出成本。

二、移民中的弱势群体贫困风险分析

弱势群体是指在社会中处于劣势、生活在社会底层的人。对社会弱势群体通常的界定：社会弱势群体是由于某些障碍及缺乏经济、政治和社会机会，而在社会上处于不利地位的人群。尽管他们同主流人群不能平起平坐，但弱势群体并没有形成真正的群体，而是那些在同类中处于不利地位的社会成员的统称。

生态移民中，弱势群体是指生活本身就处于贫困状态或生态搬迁项目将为其带来严重负面影响的那些人群，包括生理性弱势群体和社会性弱势群体。移民中的老人、儿童、残疾人及体弱多病者属于生理性弱势群体。移民中的少数民族、妇女等属于社会性弱势群体，这部分弱势群体基本上是因社会结构或社会制度安排方面的缺陷形成的。上述几类人口是移民中更贫困、更脆弱的群体。

1. 妇女移民所面临的贫困风险

随着经济发展，农村男性劳动力涌入城市务工，更多的农村妇女被推向农业生产岗位。生态移民过程中土地的损失会给妇女带来更多不利影响，尤其是那些以母亲为主的单亲家庭或以女性劳动力为主要经济支柱的家庭。这些家庭原本就很贫困和脆弱，移民使它们面临更大的风险：由于补偿费太低和缺乏男性劳动力，他们既无钱也无帮手建筑新房，全家人可能陷入流离失所的境地；由于赔偿所获得的土地有所减少，过去勉强度日的粮食产量将不够充饥，食物没有保障；如果完全失去土地，由于缺乏技能，她们及由她们所供养的家人还可能面临严峻的生存危机。

2. 少数民族移民所面临的贫困风险

许多生态移民工程项目涉及少数民族、宗教等需要慎重考虑和区别对待的地区。例如，2012—2013 年，贵州共实施扶贫生态移民 25 万余人，少数民族占 57%以上，其中，黔东南、黔南、黔西南三个民族自治州少数民族移民占 72%以上。2014 年贵州计划实施扶贫生态移民 17 万余人，少数民族占 60%以上。通常这些少数民族移民居住在边远地区或生活在一个相对封闭的社交网络中。他们以民族传统方式（传统农业或游牧业）繁衍生息，与外界接触少，生产力落后，适应变化能力差，生态平衡更加脆弱。民族特有的文化价值观念和习俗在他们的生活中发挥着重要作用，是其历史传承的重要工具。生态移民项目对传统社会关系和经济活动的破坏，将摧毁他们原有的生活。尽管他们努力调整并力图适应移民带来的改变，但语言不通、宗教信仰不同、生活习惯不一致等将使这个过程十分漫长甚至是徒劳。不适应新的生活环境，生存和发展所需的条件无法得到满足，面临着极大的贫困风险。

3. 其他弱势移民群体面临的贫困风险

残疾人、孤寡老人和孤儿等生理性弱势群体及原有的贫困家庭也是相当脆弱的移民群体。他们原本就缺乏收入来源，生态移民可能使他们陷入更加严重的贫困风险之中。

生态移民面对的上述风险不会是单一存在的，而是通过不同的组合交替作用，使生态移民长期面临严峻的贫困风险。

第四节　生态移民贫困风险评价

一、研究方法

近年来，随着生态移民工程力度的加大，大量的农牧民进行搬迁，移民原有的生活体系遭到破坏，被迫迁移引起了很多贫困恶果，移民不仅经济活动和收入明显减少，衣食住行得不到应有的保障，还可能失去必要的医疗、教育等社会公共产品服务，偏离社会被边缘化，甚至沦为流民、难民，致贫、返贫的现象真实存在并为数众多。而对于生态移民安置的最低目标是要保证安置后移民原有生活水平不下降，保证移民生产生计得到恢复，尽可能地创造条件，恢复原有社区文化、社区关系，保证生态移民的社会归属感。在保证安置后原有生活水平不下降这一最低目标的同时，要兼顾可持续发展，保障移民的长远生计及生活水平稳定的持续性。

目前，针对生态移民贫困问题的研究多集中于社会学领域，这些研究大多采用社会学的方法对生态移民的贫困问题进行研究。然而由于移民的贫困问题相对复杂，对于此问题的研究不应仅局限于社会学领域。经济学对于贫困的研究由来已久，因此应该将经济学的理论、方法和模型引入到生态移民贫困问题的研究中，而目前在该方面的研究较少。本章试图以贫困风险模型为基础，借助层次分析法（AHP 法），根据生态移民可能面临的贫困风险，选取了相应的评价体系，即物质资本、人力资本、社会资本三个方面；同时，结合对样本区生态移民的问卷调查和个案访谈资料所提供的资料，对物质资本、人力资本、社会资本三个方面可能给移民带来贫困风险的问题进行分析研究，从而达到全面剖析生态移民贫困成因的目的，以期为下一步研究反贫困的措施提供理论基础。

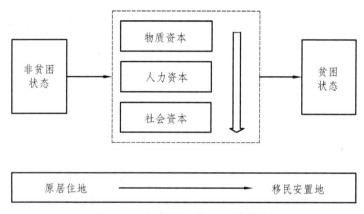

图 8-1 生态移民贫困风险模型

层次分析法（AHP）是将与总决策有关的元素分解成目标、准则、方案等层次，在此基础之上进行定性和定量分析的决策方法。该方法是美国运筹学家匹兹堡大学教授萨蒂（T.L.Saaty）于 20 世纪 70 年代初，在为美国国防部研究"根据各个工业部门对国家福利的贡献大小而进行电力分配"课题时，应用网络系统理论和多目标综合评价方法，提出的一种层次权重决策分析方法。

这种方法的特点是在对复杂的决策问题的本质、影响因素及其内在关系等进行深入分析的基础上，利用较少的定量信息使决策的思维过程数学化，从而为多目标、多准则或无结构特性的复杂决策问题提供简便的决策方法。尤其适合于对决策结果难以直接准确计量的场合。

AHP 方法的基本思路是将所研究问题看作一个整体的系统，通过对系统全部组成因素的分析，划分出各个因素之间相互联系的有序层次，然后请专家对各个层次、各个因素的相对重要性给以评分，进而根据其数学模型计算出每一层次全部因素的相对重要性的权重值。一般包括三个步骤：首先，根据研究内容构建指标层次结构；其次，通过指标（因子）间两两比较的方法确定各层次中诸因子的相对重要性，建立判断矩阵，确定指标权重；最后，进行一致性检验，计算得出综合评价值。

二、生态移民贫困风险模型的评价指标体系的建立

（一）设计指标体系的原则

评价指标是建立评价模型的基础，其选择和量化直接关系到评价结果的科学性、合理性和准确性。因此在设计评价指标体系时，要遵循以下几个基本原则：

1. 科学性原则

指标体系要科学、准确地反映生态移民在物质资本、人力资本、社会资本三个方面可能面临的贫困风险，要考虑评价指标间的完整性和代表性、互斥性和独立性的协调，力求"少而精"。

2. 相关性、针对性原则

模型构建的目的是为了综合评判生态移民可能面临的贫困风险水平，选取指标时要根据生态移民可能面临的三方面风险，有针对性地选取能够准确全面地反映每种风险的指标，同时也要考虑指标数据的可获取性，调查问卷数据的可获性和真实性，做到贫困风险、评价指标、指标数据的相关性和切合性。

3. 客观性与可比性相结合的原则

生态移民贫困风险评价重点是，安置后生产生活水平恢复状况，综合评判搬迁安置措施不当是否会给农牧民带来一定的致贫、返贫风险，所以在指标选择上应该存在一定的可比性、客观性。在筛选评价

指标时，既要客观分析各个指标的含义，又要考虑所选择指标的口径一致，使其具有可比性。

4. 定量指标与定性指标结合使用的原则

为了有效评价生态移民所面临的贫困风险，要尽量选取可量化的指标，使评价具有客观性，同时兼顾使用定性指标，弥补定量指标的不足，使评价结果趋于合理。

（二）模式评价指标体系的基本框架

生态移民贫困风险评价指标体系是进行贫困风险评价的基础，它的科学性、全面性与否，直接关系到评价的结论准确与否，也影响着最终所获得的信息是否科学、全面。科学、合理、全面的评价指标体系可以有效评价生态移民生产生活状况，及时准确反馈生态移民面临的问题及生活困境，从而为管理部门的各项方针政策提供依据，进一步规避及有效防范生态移民可能面临的贫困风险，保障生态移民各方面的可持续发展。

在生态移民贫困风险模型中在物质资本、人力资本、社会资本三方面所涉及指标比较复杂中，要在众多因素中筛选出最灵敏、最具有代表性、最能反映这三方面的因素作为评价指标。本章在实地调查访谈的基础上，依据国内外有关研究移民贫困风险评价指标体系的构建经验，对生态移民贫困风险模型建立了图8-2中的评价指标体系。

本章所构建的生态移民贫困风险评价指标体系包括三个层次和三大子模块，模型是以生态移民风险构成为决策目标，中间层因素以物质资本因素、人力资本因素、社会资本因素三大子模块构成，并对移民贫困模型进行评价。三大子模块中，物质资本因素模块指标中选取了影响农牧民贫困显著的生产方式转变、收入、负债、补偿四方面的因子。人力资本因素模块选取了原有职业的丧失、劳动技能失去、移民文化素质、培训教育四个因子对生态移民贫困的影响。社会资本因素模块中选取了移民搬迁后原有社会关系网破坏和新的社会关系网建立中所涉及的原有社会解体、新的社会支持网建立、公共产品损失、边缘化四个因子。模型评价指标体系的主要计量工作在 C 层进行，对应着中间层的三大子模块，本书在 C 层完成 12 个指标的基本测算，这些指标数据来源于实地调研访谈问卷和基层相关资料的统计。

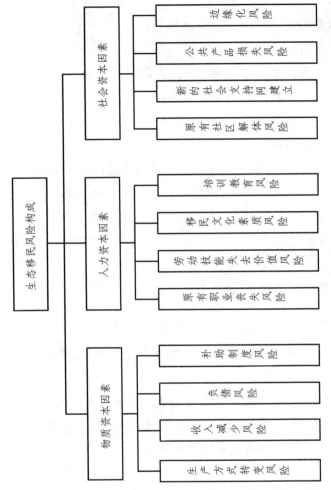

图 8-2　生态移民贫困风险模型评价指标体系层次结构

（三）生态移民贫困风险模型评价指标体系判断矩阵的构造

1. 构造判断矩阵

设现在要比较 n 个因子 $X = \{x_1, \ldots, x_n\}$ 对某因素 Z 的影响大小，即每次取两个因子 x_i 和 x_j，以 a_{ij} 表示 x_i 和 x_j 对 Z 的影响大小之比，全部比较结果用矩阵 $A = (a_{ij})_{n \times n}$ 表示，称 A 为 Z-X 之间的成对比较判断矩阵（简称判断矩阵）。容易看出，若 x_i 与 x_j 对 Z 的影响之比为 a_{ij}，则 x_j 与 x_i 对 Z 的影响之比应为 $a_{ji} = \dfrac{1}{a_{ij}}$。

对重要程度之间的对应关系如下：

x_i 与 x_j 同样重要：$a_{ij}=1$，$a_{ji}=1$；

x_i 与 x_j 稍微重要：$a_{ij}=3$，$a_{ji}=1/3$；

x_i 与 x_j 明显重要：$a_{ij}=5$，$a_{ji}=1/5$；

x_i 与 x_j 非常重要：$a_{ij}=7$，$a_{ji}=1/7$；

x_i 与 x_j 极端重要：$a_{ij}=9$，$a_{ji}=1/9$；

AHP 法规则的标度是通过上述每两个指标或因子比较判断相对优略程度给出的，判断矩阵中的标度值依据 T·L·Saaty 提出的 9 级标度法来确定。按照图 8-2 中构建的层次结构模型，从第 2 层（B 层）开始，对于从属于上一层每个指标的同一层各个指标，用 9 级标度法构造成对比较矩阵，直到最后一层（C 层）。

若矩阵 $A=(a_{ij})_{n \times n}$ 满足

$$a_{ij}>0, \quad a_{ji} = \frac{1}{a_{ij}} \quad (i,\ j=1,\ 2,\ \cdots,\ n)$$

这里 A 具有正值、互反性和基本一致性特点的矩阵（易见 $a_{ii}=1$，$i=1$，2，$\cdots$，n）。

根据以上方法，结合所搜集的数据资料、地方专家的意见及自己的认识程度，对 a_{ij} 进行赋值，构造判断矩阵，所构建的判断矩阵如下：

（1）确定一级评价指标的判断矩阵。

$$A = \begin{bmatrix} 1 & 5 & 5 \\ 1/5 & 1 & 2 \\ 1/5 & 1/2 & 1 \end{bmatrix}$$

（2）确定二级评价指标的判断矩阵。

$$B_1 = \begin{bmatrix} 1 & 1/3 & 1/3 & 1/4 \\ 3 & 1 & 5 & 1/3 \\ 3 & 1/5 & 1 & 3 \\ 4 & 3 & 1/3 & 1 \end{bmatrix} \qquad B_2 = \begin{bmatrix} 1 & 7 & 5 & 7 \\ 1/7 & 1 & 1/5 & 1/3 \\ 1/5 & 5 & 1 & 4 \\ 1/7 & 3 & 1/4 & 1 \end{bmatrix}$$

$$B_3 = \begin{bmatrix} 1 & 8 & 7 & 6 \\ 1/8 & 1 & 2 & 1/6 \\ 1/7 & 1/2 & 1 & 1/7 \\ 1/6 & 6 & 7 & 1 \end{bmatrix}$$

2. 权重计算与排序

判断矩阵 A 对应于最大特征值 λ_{max} 的特征向量 W，经归一化后即为同一层次相应因素对于上一层次某因素相对重要性的排序权值，这一过程称为层次单排序。根据 AHP 计算过程，分别求出 4 个判断矩阵的特征向量，即一级评价指标和二级评价指标的权数值。

$W = (0.526, 0.253, 0.221)$

$W_1 = (0.1724, 0.2988, 0.2842)$

$W_2 = (0.4796, 0.1183, 0.1518)$

$W_3 = (0.5011, 0.1175, 0.2750)$

3. 矩阵一致性检验

我们可以由 λ_{max} 是否等于 n 来检验判断矩阵 A 是否为一致矩阵。由于特征根连续地依赖于 a_{ij}，故 λ_{max} 比 n 大得越多，A 的非一致性程度也就越严重，λ_{max} 对应的标准化特征向量也就越不能真实地反映出 $X = \{x_1, \ldots, x_n\}$ 在对因素 Z 的影响中所占的比重。因此，对决策者提供的判断矩阵有必要作一次一致性检验，以决定是否能接受它。

对判断矩阵的一致性检验的步骤如下：

（1）计算一致性指标 CI。

$$CI = \frac{\lambda_{max} - n}{n - 1}$$

（2）查找相应的平均随机一致性指标 RI。对 $n = 1, \cdots, 9$，Saaty 给出了 RI 的值，如 8-1 表所。

表 8-1　RI 值

n	1	2	3	4	5	6	7	8	9
RI	0	0	0.58	0.90	1.12	1.24	1.32	1.41	1.45

RI 的值是这样得到的，用随机方法构造 500 个样本矩阵：随机地

从 1~9 及其倒数中抽取数字构造正互反矩阵，求得最大特征根的平均值 λ'_{max}，并定义：

$$RI = \frac{\lambda'_{max} - n}{n-1}$$

4. 计算一致性比例 CR

$$CR = \frac{CI}{RI}$$

当 CR<0.1 时，认为判断矩阵的一致性是可以接受的，否则应对判断矩阵做适当修正，使其满足 CR<0.1 的一致结果。

三、评价模型在西部地区生态移民贫困风险评价中的应用

在搬迁安置后，导致移民致贫主要风险因素有收入减少风险、负债风险、补偿制度风险、原有职业丧失风险及原有社区解体风险五个主要风险，所占权重分别为 0.1572，0.1287，0.1495，0.1212，0.1108。其他风险因素的具体权重如表 8-2 所示。可以看出，在这几个主要贫困风险因素所占权重排列顺中，收入减少风险、补偿制度风险、负债风险前三个贫困风险因素都属于物质资本因素。由此可见，搬迁后，移民面临最大的风险是物质资本方面的风险。

表 8-2　模型中各种风险因子所占权重

贫困风险因子	权重
生产方式转变风险	0.0907
收入减少风险	0.1572
负债风险	0.1287
补偿制度风险	0.1495
原有职业丧失风险	0.1212
劳动技能失去价值风险	0.0299
移民文化素质风险	0.0633
培训教育风险	0.0384
原有社区解体风险	0.1108

贫困风险因子	权重
新的社会支持网建立	0.0260
公共产品损失风险	0.0235
边缘化风险	0.0608

根据对样本的调查发现，在生态搬迁的三年时间里，移民的农林业经济收入持续下降，其中，在收入中占主要地位的农业种植业收入呈持续下降的状态。农林业收入在持续下降，但外出务工收入增长较快，其原因与当地政府将劳动力转移到其他行业的政策有关。

在负债方面，由于生态移民需要建设或购买房屋、建设养殖所用的围栏和棚圈等一系列的基础设施建设问题，需要资金量大，移民无力承担。调查得知，由于搬迁，大约有一半以上调查户对外有负债。

在原有职业丧失风险方面，主要针对的是有部分移民进入城市后不再与当地居民重新划分土地，不再从事相关产业必须进入非农产业就业。对于当地移民户而言，这不仅仅是简单的退出农耕的问题，而且是改变世代相传的生活方式，更重要的问题是移民将面临原有职业丧失的风险。这就意味着移民原有的技能、经验等人力资本要素得不到机会发挥，再加上移民文化程度不高，会严重影响他们的生活和生产。

由于以上几个方面对生态移民的影响，生态移民经济收入下降，在新的安置区无法使用他们以前所掌握的生产生活技能，原来的技术丧失或变得消极和无用，从而开始向地位低的社会阶层变动。于是，移民在经济边缘化不期而至的同时，还常常伴随社会和心理的边缘化，表现为社会地位的下降，对社会和自身没有信心、不公平感以及极端脆弱。

（一）物质资本影响因素权重分析

从模型总的分析结果看，生态移民在物质资本因素方面面临更大的贫困风险，从表 8-3 中可以看出，在贫困风险模型中，物质资本要素占总权重的 0.5261。四个因子在物质资本中所占比重分别为 0.1724，0.2988，0.2446，0.2842。收入减少风险、负债风险、补偿制度风险这三个因子对物质资本影响显著。而且从上面的分析中得知，物质资本要素中收入减少风险、负债风险、补偿制度风险的总权重也是最显著的。

表 8-3　模型中物质资本风险因子所占权重

物质资本因素	生产方式转变风险	收入减少风险	负债风险	补偿制度风险	W_i
生产方式转变风险	1	0.6703	0.6703	0.5488	0.1724
收入减少风险	1.4918	1	2.2255	0.6703	0.2988
负债风险	1.4918	0.4493	1	1.4918	0.2446
补偿制度风险	1.8221	1.4918	0.6703	1	0.2842

注：物质资本因素判断矩阵一致性比例：0.0863；对总目标的权重：0.5261。

1. 收入减少风险

收入下降是生态移民面临的首要贫困风险。农业生产在移民收入来源中占很大比重。传统生产方式形成了移民单一而原始的"生存技能"，由于禁牧和退耕，移民的家庭收入就会急剧下降，使他们陷入贫困。

从调查情况看，生态移民搬迁后，其收入总体上呈下降趋势，其贫困风险与其收入水平呈反相关系数。在收入水平下降的情况下，生活水平将随之下降。移民生活支出增加主要表现在以下几个方面：首先，移民的生活消费开支大大增加。搬迁后，移民开始使用新的生活燃料，他们在搬迁前采用的多为牛羊粪便、柴草等，现在则采用煤炭、沼气和电，而这在某种程度上也增加了他们的生活消费支出。而且粮油、蔬菜、肉等农牧产品也由过去的自给有余的生活状态转变为安置后完全或部分购买的硬性支出，其生活成本必然出现递增。其次，生态搬迁还伴随着退耕还林生态保护政策，当地农林业生产方式发生很大改变。重要的是其他方面的发展需要有充分的资金做保障，而移民收入减少，不仅降低了自己的生活水平，而且由于缺乏资金，无法进行项目开发，很可能导致进一步贫困的风险。

2. 补助制度风险

生态移民政策在西部地区的很多地方都是政策性很强的地方政

策，为了引导和帮助农户顺利搬迁，地方政府都有数额不等的搬迁补助，如帮助农户补充一些购房的资金、对受到损失的其他物质财产进行补助。这样的补助一般由三级政府承担：中央政府、省市政府和基层政府，中央政府的资金一般比较容易到位，但是，基层政府的资金由于地方财政的困难，一般比较难以到位，有些补助可能是不能落实的。另外，在补助制度方面还存在着补助范围狭窄、补助标准不高、补助方式单一、补助期限较短等问题。这些问题使补助不足以让移民开展新的生产，生产发展和生活改善缺乏必要的资金。实践证明，尽管对移民进行了补助，但仍然没有避免移民最终陷入贫困的风险。

3. 负债风险

由于搬迁的原因，移民的居住和生产性投资增大，移民的经济压力增大，再加上收入明显减少，移民对资金的需求迫切。调查中发现，目前移民家里有负债的调查户占 60%，户均债务超万元；在有债务的调查户里，向亲朋无息借款的占 37%，向信用社、银行等正式金融机构贷款的占 52%，向民间有息贷款的占 7%。60%被调查者借款多数是为了购买房屋。

从调查中发现，生态移民后，大多数的移民都希望政府给予支持和补贴，大部分移民希望在生产方面给予资金扶持。移民希望政府提供的服务中，贷款优惠排在第一位，其次是非农经营场所建设、水利设施和技术培训等。

从以上的分析可以得出，移民迫切需要资金发展生产经营活动。但实际情况是，移民贷款很困难，贷款需求满足率仍然较低（与收入水平挂钩），而且部分移民负债累累。由于生产资金的不足，再加上收入减少，补贴不到位，移民进入恶性循环，进一步加剧了移民的贫困。从模型评价结果显示来看，虽然生产方式的转变对物质资本影响权重较小，但在总权重中也占到 0.0907，给移民带来一定的贫困风险。

（二）人力资本影响因素权重分析

从评价模型的分析结果看，人力资本要素在贫困风险模型中占总权重的 0.2527。对人力资本因素影响显著的因子是原有职业丧失风险和移民文化素质风险，其权重分别是 0.4796 和 0.2503。目前，对生态移民的主要安置措施是货币安置，对于移民以后的发展没有明确的规划。这种风险主要存在于由农业生产转型为非农产业，或直接进入小城镇从事第三产业的生态移民中。这部分生态移民离开原本所依赖的生产体系，由于本身的文化素质和劳动技能普遍不高，难以适应新的生产体系，再加上在适应期内缺少有针对性的技能培训，大大增加了他们失业的风险，使其收入来源减少，生产生活更加贫困。

表 8-4　模型中人力资本风险因子所占权重

人力资本因素	原有职业丧失风险	劳动技能失去价值风险	移民文化素质风险	培训教育风险	W_i
原有职业丧失风险	1	3.3201	2.2255	3.3201	0.4796
劳动技能失去价值风险	0.3012	1	0.4493	0.6703	0.1183
移民文化素质风险	0.4493	2.2255	1	1.8221	0.2503
培训教育风险	0.3012	1.4918	0.5488	1	0.1518

注：人力资本因素判断矩阵一致性比例：0.0094；对总目标的权重：0.2527。

我们在调查中发现，被调查的移民村已经出现了明显的外出务工趋势。根据我们的调查，5 个区（县）有 58.1%的家庭有过外出务工经历，尤其以近两三年的外出务工者居多。从外出务工者的构成来看，绝大多数是男性，且以中青年为主，一般具有初中以上文化水平。但移民在外出务工过程中遇到的问题还是很突出的，如工资太低、工作不稳定、工作和生活环境差、缺乏就业信息、不被当地人接受等。而这些问题的根本原因是移民的文化素质不高。根据调查统计，移民的受教育文化程度不是很高，目前移民的文化程度主要集中在初中（包括初中）以下，这既增加了国家实施生态移民的难度，也阻碍了移民在转变生产方式后的后续产业的发展速度，也是致贫中重要的原因之一。因此，需要从提高移民的素质方面来降低贫困风险的发生概率。

（三）社会资本影响因素权重分析

除了分析物质资本和人力资本因素外，我们还要把视野放到近年提出的、现在有很大发展的社会资本因素方面。根据模型评价结果看（见表 8-5），社会资本要素在贫困风险模型中占总权重的 0.2212。对社会资本因素影响显著的因子是原有社区解体风险，其权重占是 0.5011。另外，边缘化风险对社会资本的影响也很明显。

表 8-5　模型中社会资本风险因子所占权重

社会资本因素	原有社区解体风险	新的社会支持网建立	公共产品损失风险	边缘化风险	W_i
原有社区解体风险	1	4.0552	3.3201	2.7183	0.5011
新的社会支持网建立	0.2466	1	1.2214	0.3679	0.1175
公共产品损失风险	0.3012	0.8187	1	0.3012	0.1064
边缘化风险	0.3679	2.7183	3.3201	1	0.2750

注：社会资本因素判断矩阵一致性比例：0.0359；对总目标的权重：0.2212。

根据调研统计，5 个区（县）的移民安置方式中有集中安置和分散安置两大类，集中安置为主，分散安置方式将近 3 成。分散安置很容易会使移民产生边缘化风险，因为到了一个陌生社区，迁移者有心理压力，接受者也有排斥的心理。由于搬迁，原来的社会关系网通常会被破坏，虽然社会资本损失破坏的程度不像物质资本那样可以数量化，但社会资本的破坏确实存在且影响深远。它包括个人损失和社会损失。对许多家庭来说，亲戚关系以及其他密切联系的社会关系网是极为宝贵的财富和维系生活的机制。它们可以提供下述服务：相互帮助协议、劳动交换关系、为生产而组成非正式组织、相互照看孩子、食品借用、丧葬协助、灾害后帮助等。当这些关系网和协议被破坏后，这些方面的资源就丧失了。

与其他个体尤其是与自己有比较紧密社会关系的互动情况，是社会资本的重要内容。统计结果表明，在 408 户被调查对象中，有 11.7%的人搬迁以后一次也没有回去过；回去的次数在 1~6 次的人占 63.1%；

回去次数在 7 ~ 12 次的人占 14.5%；回去的次数在 12 次以上的人只有 10.7%。考虑被调查对象搬迁至移民安置点的时间绝大部分在 3 年以上，可以认为移民主动和原有社会关系网联系的频率较低。当被问及"搬迁以后有没有人来安置点看过你"时，408 户中 60% 的人表示"有人来过"。但是值得注意的是，25.6% 的人在搬迁后相当长的时间内没有人来看望过。把回原居住地次数和亲戚来看望情况交互分类，发现在没有人来看望过的 102 人中，从来没有回去过的有 49 人；共有 32.4% 的人在大概三年的时间内回去的次数没有超过 4 次，这些既没有人来看望过，自己回原居住地的频率又很低的人的社会联系网的被破坏程度较为严重。

新的社会支持网建立方面，我们通过一些生活和生产方面的互动情况来进行测量，以了解当地人的社会联系的发展情况。移民在搬迁和经过较长时间的适应后，一般来讲，如果在生产、生活领域中人与人之间的互动越多，则人与人之间的社会联系越紧密。当被问及当地居民来往时，生活方面的互动情况不容乐观，44.4% 的被调查对象表示仅是"偶尔"到当地居民家里去串门、聊天，从不去当地居民家里串门、聊天的也有 24.6%。在日常互助方面，"经常"和"有时"去借东西的有 39.8%。这表明在日常生活中，移民和当地居民的互动并不频繁。对移民向当地居民请教生产方面的问题的频率进行统计后发现，在生产劳动方面遇到困难时会"经常"向当地人请教的比例明显较高，达 14.2%，加上"有时"请教生产方面问题的共有 48.9%，这是 4 项统计互动类别中比例最高的。在问到"经济方面遇到困难时，是否找当地居民帮忙"时，持积极态度的人数比例大幅度下降，表示"经常"的人仅有 1.1%，加上表示"有时"的也仅仅是 17.9%，在 4 项互动中比例是最低的。这表明，当移民搬迁到安置点后，并未出现较为广泛深入的互动，特别是社会联系网中最为核心的内容，即互相帮助解决经济困难的情况很少出现。

边缘化风险方面，由于受物质资本和人力资本方面的影响，搬迁后移民收入水平和生活水平可能会显著恶化，再加上原有社会关系网的解体和新的社会支持网建立还不够成熟，移民很容易对社会和自身失去信心，产生不公平感以及极端脆弱的心理状态。于是，在经济边缘化不期而至的同时，还常常伴随社会和心理的边缘化，从而移民开始向地位低的社会阶层变动，表现为社会地位的下降。

第五节　结论

综合考虑物质资本、人力资本、社会资本三个方面后发现，现有的移民模式存在着导致生态移民进入贫困状态的可能。

在物质资本方面，移民面临着收入减少、大额债务、补助制度等方面的问题。在人力资本方面，生态移民尤其是直接进入小城镇从事第三产业的生态移民，面临着失去原有职业的风险；由农业进入非农经营产业，移民本身的文化素质和劳动技能普遍不高，再加上在适应期内缺少有针对性的技能培训，很大程度上增加了他们失业的风险，这是生态移民在人力资本方面普遍存在的问题。在社会资本方面，外迁移民存在的问题比较显著，由于旧的社会关系随着外迁而流失（至少是部分失去），新的社会关系的建立不能及时填补失去的社会关系功能；生态移民正面临着边缘化的风险，在安置地面临当地居民的歧视和治安问题，社会资本损失较显著。

在原居住地，移民们"嵌入"于自己所处的社会结构中，享受公共资源，并且能够利用自己的社会关系诸如物资、资金、劳动力、信息等资源。由于生态移民工程这一外在原因，移民不得不迁移到新的自然和社会环境。迁移过程中伴随着物质资本、人力资本和社会资本的损失。在这三种形式资本损失的单独或者共同作用下，移民面临着进入相对贫困、温饱型贫困境地的风险。

三种形式的资本，对移民发展经济都有重要影响。从物质资本到人力资本到社会资本，移民受影响程度越来越全面、深刻。其中，最容易被观察到的是物质资本的损失，而社会资本的损失最难被观察到而往往不被重视。西部地区的生态移民是我国规模较大的移民工程之一，国家也给予极大的重视，但是有关政策制定部门主要关注移民物质资本方面的损失，而对农村移民人力资本和社会资本的丧失还缺乏足够的重视。在以后的移民工作中，应多考虑移民后两种资本形态的弥补和发展问题。

第九章
促进西部地区生态移民可持续生计的政策建议

本研究是基于生态移民搬迁工程对农户生计影响进行的研究，并且以陕西安康地区四县一区的农户为例，分析生态移民搬迁工程对农户生计影响的问题。运用统计学的分析方法分别分析了陕南移民搬迁工程及安置方式对农户生计资本、生计策略、生计后果的影响。主要结论如下：

一、主要结论

第一，在构建衡量农户家庭五个生计资本指标的基础上，分别对搬迁户和非搬迁户、集中安置户和非集中安置户的各项生计资本指标进行对比发现，搬迁户和非搬迁户、集中安置户和非集中安置户的各项生计资本都有所差异。总体上看，搬迁户的资本禀赋优于非搬迁户，集中安置户的资本禀赋优于非集中安置户。由此可见，搬迁工程的实施有利于农户生计资本水平的提高，集中安置的方式也要好于非集中安置方式。

第二，以五项资本为因变量，是否搬迁、是否集中安置分别作为自变量，将家庭因素和社区因素作为控制变量的情况下，运用似不相关回归方法进行回归分析发现，搬迁工程对农户的物质资本、金融资本和社会资本都有显著的正效应，集中安置对农户的自然资本、物质资本、金融资本和社会资本都有显著的正效应。同时，家庭的平均受教育水平，安置地临近公路的距离对各项资本也有显著的正效应。所以，搬迁工程的实施不是简单地从山上搬到山下的过程，安置地点的选择及安置方式对农户生计资本及后续生计的发展有很大的影响。

第三，根据调查地的情况，生计活动选择农林活动、养殖活动、非农自营活动、外出务工活动四种，同样分别以是否搬迁，是否集中安置作为自变量，控制变量选择自然资本、物质资本、社会资本、金融资本、人力资本、社区因素，运用 Logistic 回归方法进行回归分析发现，农林活动仍旧是农户的主要生计活动，搬迁工程促进了农户的非农自营活动和外出务工活动，农林活动、养殖活动减少，集中安置的方式对农户选择非农自营活动和外出务工也有正向的影响。由于当地土地的稀缺，搬迁户在搬迁后分不到足够优质的土地，只能选择继续耕种原来的土地，房屋周围的地方也很有限，限制了搬迁户的农林活动和养殖活动，安置地的选择一般都是靠近公路、人口集中、交通便利的地方，部分搬迁户选择新盖房门面或者自己经营小商店、农家乐，或者出租等非农经营的活动，但是搬迁带来的资金压力大，限制了农户选择以自主创业为主的生计活动，集镇市场的需求使农户选择务工这种可以很快筹集到资金的生计方式。

第四，对于家庭生计活动相应的收入分析，相应生计活动的收入作为因变量，仍旧分别以是否搬迁，是否集中安置分别作为自变量，自然资本、物质资本、金融资本、社会资本、人力资本、社区因素作为控制变量，运用 Heckman 回归方法进行回归分析发现，搬迁户的养殖活动收入、外出务工收入显著高于非搬迁户，集中安置户的农林活动收入低于非集中安置户，安置方式对其他活动收入则无显著的影响。这个结果主要是由农户掌握资本的情况和生计活动的选择决定的。

第五，对于农户的生计后果研究，选择收入多样性指数和收入依赖性指数两个指标来衡量，分别作为因变量，是否搬迁，是否集中安置分别作为自变量，家庭因素、自然资本、物质资本、金融资本、社会资本、人力资本、社区因素作为控制变量，运用 OLS 回归方法进行回归发现，搬迁户收入多样性高于非搬迁户，收入依赖性低于非搬迁户，集中安置户的收入多样性低于非集中安置户，收入依赖性高于非集中安置户。可见，相较于原来居住的偏僻地方，搬迁户的生计活动选择更加多样化，有利于劳动力找到新的工作，搬迁工程提高了农户家庭经济系统的稳定性，降低了家庭经济面临的潜在风险。另外，部分的安置地选择在已有的工业园区，政府与企业的对接之后，对农户进行分类指导培训，这也拓宽了农户的就业渠道，使农户在搬迁后尽快恢复正常的生产生活。

二、政策建议

本书研究了西部地区生态移民搬迁工程对农户生计资本，生计策略及生计后果的影响。基于本书的研究结果，对于研究中发现的问题，提出以下几个方面的对策：

第一，加强移民搬迁的配套政策。移民工程是一个系统工程，搬迁盖房只是其中一小部分，更大的还在于后续的产业发展和可持续生计。当地城镇化、工业化等的相关政策与移民搬迁的配套政策需要到位，单纯的移民政策不能保证移民后续的持续发展。① 按需提高移民能力。积极整合各类培训资源，根据当地市场的需求，定期举办各类实用的技术培训活动。科研机构、农业技术推广部门可以对口建立技术示范点，定期选派专业技术指导人员包点入户一对一地进行指导。另外，可以充分利用职业教育资源，鼓励职业院校适当放宽招生条件，面向移民定向招生，按照不同企业的用工需求，实施定向专业技能培训，加快移民能力的提高速度。合理引导农户本地就业。加大基础设施建设的投入力度，如市场、道路、学校、医院等条件的改善，都会为农户生计资产的增加提供便利，积极出台相关规定和措施，鼓励本地区非农就业，并引导外出务工群体回乡创业，以促进当地经济的发展，使农户能在本地就业，减少劳动力资源外流。② 保护移民的各项权利。对移民仅仅依据政策、法规和法律进行经济上的适当合理补偿和扶持是远远不够的。从可持续发展来考虑，更重要的是赋予移民应得的发展权利，移民能力的损失在很大程度上是当前产权制度的结果，所以要从法律上明确移民土地产权的主体地位，赋予移民平等的谈判地位和发展的权利，这样才能确保移民个人的合法权益不被剥夺。

第二，加强生态移民家庭的人力资本建设。注重家庭成员接受正规的学校教育，对成年劳动力进行有针对性的技能培训，提升人力资本水平；充分发挥培训在移民经济发展中的作用，面向移民积极开展农业生产技能培训和非农经营、外出务工等非农技能培训。通过培训这一途径和手段，移民能获得适应新的生产生活环境所需的技能，拥有在新的环境中获取资源和机会的能力，重新激活移民所积累的人力资本，恢复其功能。同时，要提升移民安置地劳动力的市场化程度，为拥有较好人力资本积累的农户提供施展的平台；要提升生态移民本身的健康和教育文化水平，为其技能学习和开展经济活动奠定良好的基础。

第三，加强生态移民家庭的社会资本建设。在迁移过程中，移民以血缘、地缘为基础的社会资本的弱化是一个必然的结果。移民必须通过与安置地群众社会、经济、文化的融合予以弥补。在社会资本建设方面，应该从微观社会资本和宏观社会资本两个层面进行。在微观社会资本方面，地方政府及社区需要帮助移民重构社会网络。政府和当地公共组织要通过多种交流活动，加强移民之间、移民与当地农户之间的沟通、交流和信任，以帮助移民融入当地社会，重构移民的社会网络，提升微观社会资本水平。在宏观社会资本方面，应鼓励移民积极建立和参加各种有利于自身经济发展的专业合作组织，通过专业合作组织提升其利用资源和机会的能力，获得更多的经济发展机会；通过专业合作组织提升移民的可行能力，改变其所处的边缘社会地位，在迁入地获取更多的发展机会。同时，注重为生态移民参与社区事务提供便利，在移民迁入地给予移民和当地农户平等的待遇，对其合理的诉求进行回应，使其能够通过参与集体事务这一路径共享公共设施和资源，为其提供公平公正的资源利用机会，在有关集体事务的决策中能够合理满足其生计发展需求。

第四，拓展金融资本来源，降低生计恢复的资金流动性约束。金融资本是制约西部生态移民生计恢复的主要障碍之一。一方面，政府通过运用财政补贴、免交相关税费、提供低息和贴息贷款、免费提供市场服务等手段，增强生态移民的金融资本积累能力。另一方面，借助政府信用，成立公共性质的担保基金，建立风险代偿机制，拓展担保融资渠道，解决移民社会化融资中信用不足的问题。引导商业银行、非政府小额信贷机构和民间金融机构提供生态移民生计发展专项贷款，促进信贷服务供给的多元化，扩大生态移民的金融资本来源，帮助生态移民通过移民信贷和跨期收入转移来应对生计风险，降低生计脆弱性。这些措施能满足生态移民家庭生计重建和发展的资金融通性要求，促进移民非农生计的发展，促进生计持续稳定恢复。

第五，创造"授能环境"，为生态移民生计恢复提供良好的外部环境。移民迁移后医疗保健和公共教育设施的状况、政府的公共政策取向等都会对生态移民的生计能力恢复与提升构成重要影响。在生态移民生计的恢复和重建中，政府需要识别和减少生态移民的生计脆弱性因素，加强跨部门、跨区域及各利益相关方的有效协调与合作，通过提供社会保障、基础设施以及公共信用等"授能环境"，降低生态移民的生计风险，提升移民对新生计环境的调整能力和适应性。一方面，生态移民原来的土地承担着农业生产和自身生存保障的双重职能，搬迁之后自然资本的减少弱化了土地的保障功能。要为移民提供系统的社会保障覆盖体系，除了基本的养老社会保险、医疗社会保险和最低生活保障之外，还需构建移民社会救助体系，提供专项救助、临时救助和社会帮扶，这些可以解决自然资本损失带来的保障功能弱化的问题。另一方面，要为移民提供功能完备的基础设施和社区公共服务。基础设施和公共服务是生计恢复和发展的重要物质基础，通过公共投资为移民提供良好的社区医疗服务、完备的交通设施、充足的市场信息，帮助移民应对生计风险，为生态移民生计恢复提供有力的外部支持。

第六，科学选择安置点。在移民的安置规划中，需要科学规划安置点，选择人口集中、交通方便或自然形成的村镇作为重点安置地点。同时，考虑移民安置地与原居住地在生产方式、生活习俗、文化传统上的类同和兼容性，充分发挥移民亲缘、地缘等社会资本的作用，使家庭的人力资本积累得以保持延续。

第七，构建多方互动的协作体制。移民与本地户之间、政府与居民间、政府部门间的协作体制可以构成保障移民顺利进行的内在体制，这种内在体制在某些时候可以促进移民工程的顺利进行。同时，依法保障农户和涉及的各行政部门的各种权益，明确落实其应承担的责任，以法律或行政命令的方式明确规定移民工程实施前的调查论证、移民过程中的监督管理、移民之后的评价过程，并成立相应的监督管理部门等。内部体制与外部体制的结合，使政策的实施更加顺利。

参考文献

[1] 侯东民. 西部生态移民跟踪调查述评[M]. 北京：中国环境科学出版社，2014.

[2] 谢园媛. 生态移民政策与地方政府实践[M]. 北京：北京大学出版社，2010.

[3] 达瓦次仁. 藏区生态移民与生产生活转型研究[M]. 北京：社会科学文献出版社，2015.

[4] 齐岳，何建国. 2011 年宁夏中南部地区生态移民蓝皮书[M]. 北京：阳光出版社，2011.

[5] 杜发春. 三江源生态移民研究[M]. 北京：中国社会科学出版社，2014.

[6] 编委会. 走出贫困的历史选择：宁夏生态移民研究[M]. 北京：阳光出版社，2013.

[7] 李媛媛，李伟. 少数民族地区生态移民政策研究：以内蒙古为例[M]. 北京：经济科学出版社，2015.

[8] 葛剑雄. 中国移民史：清 民国时期[M]. 福州：福建人民出版社，1997.

[9] 迈克尔 M 塞尼. 移民重建与发展[M]. 南京：河海大学出版社，1998.

[10] 张国栋，谭静池，李玲. 移民搬迁调查分析——基于陕南移民搬迁调查报告[J]. 调研世界，2013（10）：25-27.

[11] 杨涛，李向阳. 工程建设被征地移民可持续生计研究[J]. 人民黄河，2006（5）：35-42.

[12] 余吉玲. 生态移民中的文化适应[J]. 经济研究导刊，2010（16）：

141-142.

[13] 葛根高娃，乌云巴图. 内蒙古牧区生态移民的概念、问题与对策[J]. 内蒙古社会科学，2003（2）：118-122.

[14] 郑瑞强. 我国西部生态脆弱地区移民工作方式探讨——生态环境保护与扶贫双重目标的移民政策与实践[J]. 人民长江，2011（3）：93-97.

[15] 李王鸣，金登杨. 扶贫移民安置模式分析与实证——以浙江省瑞安市为例[J]. 经济地理，2008（3）：10-18.

[16] 梁福庆. 中国生态移民研究[J]. 三峡大学学报，2011（7）：93-97.

[17] 杨云彦，赵锋. 可持续生计分析框架下农户生计资本的调查与分析[J]. 农业经济问题，2009（3）：58-65.

[18] 赵锋，杨云彦. 外力冲击下水库移民生计脆弱性及其解决机制——以南水北调中线工程库区为例[J]. 人口与经济，2009（4）：1-7.

[19] 杨云彦，徐映梅，胡静，等. 社会变迁、介入型贫困与能力再造——基于南水北调库区移民的研究[J]. 管理世界，2008（11）：89-98.

[20] 杨云彦，程广帅. 迁移预期、社会支持与能力建设——基于丹江口库区待迁移民的调查分析[J]. 黄河文明与可持续发展，2008（12）：60-70.

[21] 胡静，杨云彦. 大型工程非自愿移民的人力资本失灵——对南水北调中线工程的实证分析[J]. 经济评论，2009（4）：74-80.

[22] 石智雷，杨云彦. 非自愿移民经济恢复的影响因素分析——三峡库区与丹江口库区移民比较研究[J]. 人口研究，2009（1）：72-80.

[23] 严登才. 非自愿迁移对老年移民生活的影响[J]. 南京人口管理干部学院学报，2013（1）：41-45.

[24] 施国庆，严登才，周建. 生态移民社会冲突的原因及对策[J]. 宁夏社会科学，2009（11）：75-78.

[25] 史俊宏. 生态移民生计转型风险管理：一个整合的概念框架与牧区实证检验[J]. 干旱区资源与环境，2015，29（11）：37-42.

[26] 严登才. 水库移民可持续生计研究[J]. 水利发展研究，2012（10）：40-44.

[27] 马艳艳，林乐芬，杨国涛. 生态移民区农户借贷行为及影响因素分析——以宁夏 576 户农户的调查数据为例[J]. 学术论坛，2015，38（1）：73-77.

[28] 苏芳，徐中民，尚海洋. 可持续生计分析研究综述[J]. 地理科学进展，2009（1）：61-69.

[29] MARTHA G ROBERT，杨国安. 可持续发展研究方法国际进展——脆弱性分析方法与可持续生计方法比较[J]. 地理科学进展，2003（1）：6-12.

[30] 冯伟林，李树茁，李聪. 生态移民经济恢复中的人力资本与社会资本失灵——基于对陕南生态移民的调查[J]. 人口与经济，2016（1）：98-107.

[31] 史俊宏. 生计转型背景下蒙古族生态移民非农生计策略选择及困境分析[J]. 中国农业大学学报，2015，20（3）：264-270.

[32] 韩振燕. 水库移民迁移前后人力资本变化实证分析[J]. 技术经济，2006（3）：49-53.

[33] 黎莉莉，秦富. 高山贫困地区生态移民决策行为及影响因素分析——基于重庆市的调查数据[J]. 贵州社会科学，2015（1）：163-168.

[34] 薛健，邵锋祥，邓帮财. 以统筹城乡发展的思路搞好陕南移民搬迁[J]. 陕西发展和改革，2011（3）：22-25.

[35] 李金香，冯利盈. 基于因子分析法的生态移民影响因素及策略分析——以宁夏为例[J]. 安徽农业科学，2015，43（32）：334-337.

[36] 李小云，董强，饶小龙，赵丽霞. 农户脆弱性分析方法及其本土化应用[J]. 中国农村经济，2007（4）：32-39.

[37] 朱夫静，李芬. 黄河源头不同安置方式生态移民的生计适应性研究——以玉树藏族自治州曲麻莱县为例[J]. 农村经济与科技，

2016，27（9）：36-39.

[38] 张翠娥，李跃梅，李欢. 资本禀赋与农民社会治理参与行为——基于 5 省 1599 户农户数据的实证分析[J]. 中国农村观察，2016（1）.

[39] 李芬，张林波，朱夫静. 三江源区生态移民返牧风险的思考[J]. 农村经济与科技，2015（1）：19-22.

[40] 李树苗，梁义成，MARCUS W FELDMAN. 退耕还林政策对农户生计的影响研究——基于家庭结构视角的可持续生计分析[J]. 公共管理学报，2010（4）：1-10.

[41] 陈胜东，孔凡斌. 基于生态移民的农户可持续生计研究进展与展望[J]. 鄱阳湖学刊，2016（5）：59-71.

[42] 胡业翠，武淑芳，王静. 基于参与式调查的广西生态移民迁入区农户收入效应评价[J]. 农业工程学报，2016，32（21）：264-270.

[43] 陈传波，丁士军. 中国小农户的风险及风险管理研究[M]. 北京：中国财政经济出版社，2005.

[44] 冯利盈，李金香，王雅俊. 生态移民工程对农户生计资本的影响[J]. 农业科学研究，2015（4）：78-83.

[45] 陈静梅. 国内生态移民研究述评（1990—2014）[J]. 贵州师范大学学报（社会科学版），2015（3）：94-101.

[46] 贾耀锋. 中国生态移民效益评估研究综述[J]. 资源科学，2016，38（8）：1550-1560.

[47] 伊庆山，施国庆，严登才. 水利水电工程移民社会管理研究——基于诉求组织化表达的视角[J]. 西北人口，2013（1）：73-78.

[48] 辛瑞萍，韩自强，李文彬. 三江源生态移民家庭的生计状况研究——基于青海玉树的实地调研[J]. 甘肃行政学院学报，2016（1）：119-126.

[49] 金莲，王永平，马赞甫，等. 国内外关于生态移民的生计资本、生计模式与生计风险的研究综述[J]. 世界农业，2015（9）：9-14.

[50] 李小云，董强，饶小龙，等. 农户脆弱性分析方法及其本土化应用[J]. 中国农村经济，2007（4）：32-40.

[51] 胡业翠，刘桂真，何鑫茹. 可持续生计框架下生态移民区农户生
计资本分析——以广西环江县金桥村为例[J]. 农业经济，2016
（12）：37-40.

[52] 严登才. 水库移民可持续生计研究[J]. 水利发展研究，2012（10）：
40-44.

[53] 史俊宏. 少数民族牧区生态移民可持续发展战略研究[J]. 生态经
济，2015，31（10）：83-89.

[54] 胡静，杨云彦. 大型工程非自愿移民的人力资本失灵——对南水
北调中线工程的实证分析[J]. 经济评论，2009（7）：74-80.

[55] 吴金桥，朱剑虹，陶智勇，等. 陕南生态移民现状评估及对策——基
于农户视角的问卷调查[J]. 安徽农业科学，2015（31）：333-334.

[56] 严登才，施国庆，伊庆山. 水库建设对移民可持续生计的影响及
重建路径[J]. 水利发展研究，2011（6）：49-53.

[57] 束锡红. 宁夏南部山区回族聚居区生态移民的社会适应研究[J]. 北
方民族大学学报，2015（4）：58-61.

[58] 韩秀华，梁义成，李树苗. 退耕还林对农户非木材林产品采集的影
响[J]. 当代经济科学，2013（1）：118-128.

[59] 韦仁忠，唐任伍. 社会资本与移民适应：三江源生态移民的文化
失调与修补[J]. 北方民族大学学报，2015（4）：53-57.

[60] 伊庆山，施国庆，严登才. 后移民时期三峡库区农村移民社会稳
定风险研究[J]. 水利发展研究，2012（5）：28-33.

[61] 乌静. 牧区生态移民返迁意愿的群体差异及影响因素——以内蒙
古达茂旗为例[J]. 云南民族大学学报（哲学社会科学版），2017，
34（1）：89-95.

[62] 严登才，施国庆，伊庆山. 水电开发与少数民族移民发展——以
广西红水河沿滩库区为例[J]. 广西民族研究，2012（2）：162-167.

[63] 闫丽娟，张俊明. 少数民族生态移民异地搬迁后的心理适应问题
研究[J]. 中南民族大学学报（人文社会科学版），2013（9）：24-28.

[64] 邰秀军，畅冬妮，郭颖．宁夏生态移民居住安置方式的减贫效果分析[J]．干旱区资源与环境，2017（4）：47-53.

[65] 李霞，文琦，朱志玲．基于年龄层次的宁夏生态移民社会适应性研究[J]．干旱区资源与环境，2017（5）：26-32.

[66] 王俊鸿．统筹城乡改革背景下羌族移民生计转型研究[J]．西南民族大学学报，2012（4）：107-110.

[67] 李胜连，李雨康，黄立军．基于改进熵值法的宁夏生态移民发展能力评价[J]．统计与决策，2016（4）：65-67.

[68] 辛瑞萍，朱丽敏，谢萌．三江源生态移民的生计发展困境与建立可持续生计的策略——基于青海省囊谦县的实地调查[J]．济南大学学报（社会科学版），2017，27（1）：145-156.

[69] 傅春，林永钦．鄱阳湖退田还湖移民生计资产调查分析[J]．南昌大学学报（人文社会科学版），2009（5）：77-82.

[70] 陈昀，向明，陈金波．嵌入视角下的生态移民可持续发展[J]．管理学报，2014，11（6）：915-920.

[71] 石智雷，杨云彦．家庭禀赋家庭决策与农村迁移劳动力回流[J]．社会学研究，2013（3）.

[72] 李东霖，曹志敏．影响西藏生态移民经济的因素分析——以日喀则地区为例[J]．科技经济市场，2017（1）：54-56.

[73] 孙中民，施国庆．水库建设对移民社会资本影响及其重构路径[J]．云南民族大学学报，2009（3）：38-41.

[74] 李明．资产建设理论视角下的农村扶贫——以"生态移民"为例[J]．安徽农业科学，2016（5）：262-263.

[75] 冯明放，彭洁．浅析陕南移民搬迁面临的几个突出问题[J]．特区经济，2012（10）：172-173.

[76] 李生．内蒙古生态脆弱区生态移民的经验、问题与对策——以兴安盟科右前旗生态脆弱区移民搬迁为例[J]．中南民族大学学报（人文社会科学版），2015（6）：26-30.

[77] 刘志军，孙泽建. 浙江首批三峡移民的经济适应——兼论模糊人情化扶持及其超越[J]. 中共浙江省委党校学报，2012（5）：13-19.

[78] 周鹏. 中国西部地区生态移民可持续发展研究[D]. 北京：中央民族大学，2013.

[79] 李胜连，黄立军，万良兴. 宁夏生态移民发展机理与推动机制研究[J]. 广东农业科学，2015，42（9）：174-179.

[80] 李小云，张雪梅，唐丽霞. 当前中国农村的贫困问题[J]. 中国农业大学学报，2005（4）：67-74.

[81] 丁凤琴，刘钊，景娟娟. 宁夏中部干旱带生态移民文化适应的代际差异[J]. 农业经济问题，2016（10）：95-104.

[82] 王凯，李志苗，易静. 生态移民户与非移民户的生计对比——以遗产旅游地武陵源为例[J]. 资源科学，2016，38（8）：1621-1633.

[83] 阎建忠，吴莹莹，张镱锂，周绍宾，石玉林. 青藏高原东部样带农牧民生计多样化[J]. 地理学报，2009（2）：221-233.

[84] 陈立明，靳坤. 生态移民背景下门巴族生计方式的转变——以林芝市巴宜区更章门巴民族乡为例[J]. 西藏民族学院学报，2016，37（5）.

[85] 赵庚. 宁夏生态移民可持续发展研究[D]. 沈阳：东北大学，2014.

[86] 丁凤琴，高晶晶. 西部少数民族聚居区生态移民人口迁移的文化适应——以宁夏中部干旱带地区为例[J]. 农业经济问题，2015（6）：75-82.

[87] 赵文娟，崔明昆，沙建. 工程移民的生计变迁与文化适应[J]. 云南地理环境研究，2011（6）：7-12.

[88] 韦仁忠. 藏族生态移民的社会融合路径探究——以三江源生态移民为例[J]. 中国藏学，2013（1）：120-125.

[89] 刘学武. 宁夏生态移民无土安置区风险评估研究[J]. 地域研究与开发，2016，35（5）：175-180.

[90] 王娜，杨文健. 生态移民精准扶贫：现实困境、内在悖论与对策[J]. 开

发研究，2016（4）：77-80.

[91] 邵慧敏，张春美，曾庆连．万安水库移民收入和生活水平恢复的评价与分析[J]．人民长江，2008（3）：96-98.

[92] 冯伟林，李树苗．生态移民风险应对策略的选择及影响因素——基于农户禀赋的视角[J]．农村经济，2016（9）：91-97.

[93] 范如国，李星．三峡库区移民人力资本因素与劳动报酬收入关系的实证研究[J]．技术经济，2011（2）：81-88.

[94] 李芬，张林波，陈利军．三江源区生态移民生计转型与路径探索——以黄南藏族自治州泽库县为例[J]．农村经济，2014（11）：53-57.

[95] 东梅．生态移民与农民收入[J]．中国农村经济，2006（3）：48-52.

[96] 张华山，周现富．水库移民可持续生计能力分析[J]．水利经济，2012（7）：68-71.

[97] 田朝晖，孙饶斌，张凯．三江源生态移民的贫困问题及其社会救助策略[J]．生态经济，2012（9）：168-172.

[98] 杜云素，钟涨宝．水库移民的贫困风险认知及应对策略研究[J]．中国农村水利水电，2012（3）：118-124.

[99] CLAUDIANOS P, CLAUDIANOS P. Out of harm's way; preventive resettlement of at risk informal settlers in highly disaster prone areas[J]. Procedia Economics & Finance, 2014, 18（14）: 312-319.

[100] SHIMADA G. The role of social capital after disasters: an empirical study of Japan based on time-series-cross-section （TSCS） data from 1981 to 2012[J]. International Journal of Disaster Risk Reduction, 2015, 14:388-394.

[101] LENA GIESBERT, KATI SCHINDLER. Assets, shocks, and poverty traps in rural Mozambique[J]. World Development, 2012（8）.

[102] KWAW S ANDAM, PAUL J FERRARO, KATHARINE R E SIMS, et al.. Protected areas reduced poverty in costa rica and thailand[J].

PNAS, 2010, 107（22）: 9996-10001.

[103] II M A P. Social capital and immigrant wealth inequality: visa sponsorship and the role of ties, education, and race/ethnicity [J]. Research in Social Stratification & Mobility, 2015, 42:62-72.

[104] LU Y, RUAN D, LAI G. Social capital and economic integration of migrants in urban China.[J]. Social Networks, 2013, 36（3）:357-369.

[105] BRYAN TILT, YVONNE BRAUN, DAMING HE. Social impacts of large dam projects: a comparison of international case studies and implications for best practice[J].Journal of Environmental Management, 2009, 90: 249-257.

[106] UEDA K. Soft control in disaster risk management-the role of social capital[J]. J Soc Capital Res, 2011, 2: 29-48.